쏭내관의 재미있는
궁궐기행 2

쏭내관의 재미있는

궁궐기행 2

송용진 글·사진

지식프레임

여는 글

2010년 어느 토요일, 그날도 저는 경복궁 답사를 하고 있었습니다. 답사가 거의 끝나갈 무렵 한 엄마와 아이가 자선당 앞에서 무언가 이야기를 하고 있었습니다.

"뛰지 말고 이리 와서 안내판 한번 읽어볼까? 와! 여기가 세자가 살던 집이래. 자, 이제 사진 한 장 찍자! 여기 봐, 찰칵!"

그들이 자선당 앞에 서 있던 시간은 고작 1분 남짓, 그러고는 마치 순간 이동을 하듯 획 하니 사라졌습니다. 너무 안타까운 마음에 저는 저도 모르게 마음속으로 그들에게 설명을 하고 있었습니다.

"여러분, 우리는 지금 경복궁의 동궁전인 자선당 앞에 서 있어요. 이곳은 지금으로부터 600여 년 전인 1427년 세종대왕이 사랑하는 아들 세자를 위해 지어준 건물이에요. 세자는 이곳에서 무려 23여 년을 지내면서 아버지 세종대왕을 보필했습니다. 사실 세종대왕 업적 중 절반은 세자의 것이라 해도 과언이 아닐 만큼 그는 많은 노력을 했어요. 그는 매일 아침 자선당을 나오면서 자신이 꿈꾸는 조선의 모습을 그렸을 거예요. 그리고 세자의 방 옆에는 부인, 즉 세자빈의 방이 있습니다. 1441년 이곳에서는 세자의 아들인 세손이 태어나요. 할아버지 세종대왕과 아버지 세자는 너무 기뻐했어요. 어쩌면 여러분이 서 있는 이곳에서 눈물을 흘리며 세손의 탄생을 축하했을지 몰라요. 하지만 아이가 태어나고 며칠 후 세자의 아내는 병을 얻어 이곳 자선당에서 삶을 마감하고 맙니다. 일주일 사이 세자는 천당과 지옥을 오간 거죠. 얼마나 슬펐을까요. 시간이 흘러 아버지 세종대왕이 돌아가신 1450년, 세자는 23년간 정들었던 자선당 생활을 마감하고 조선 제5대 임금 문종으로 등극합니다."

이런 많은 이야기가 이곳 자선당에 스며 있는데, 스치듯 이곳을 지나가는 관람객들이 너무 안타까웠죠. 그래서 궁궐 건물에서 살았던 사람들의 이야기를 소개해야겠다고 마음먹었습니다. 이렇게 해서 지난 2010년《쏭내관의 재미있는 궁궐 기행2》가 출간되었습니다.《쏭내관의 재미있는 궁궐 기행》이 궁궐의 기본 구조인 외전(공적 공간), 내전(사적 공간), 궐내각사(신하들의 공간), 후원(왕실의 휴식 공간)을 기준으로 경복궁, 창덕궁, 창경궁, 경희궁, 덕수궁을 살펴보았다면,《쏭내관의 재미있는 궁궐 기행2》는 각 궁궐별 주요 건물에서 일어났던 사건 혹은 그곳에 살았던 사람들의 이야기입니다.

궁궐 건물은 사실 몇몇 건물을 제외하고는 대부분 비슷한 모습입니다. 심지어 답사를 하고도 나중에는 어떤 건물이었는지 생각조차 나지 않지요. 하지만 그 건물에서 일어났던 역사적 사건 혹은 역사적 인물의 이야기를 알고 본다면 건물 자체의 의미가 전혀 달라집니다. 창덕궁의 정문으로서 돈화문이 아니라 인조반정이 시작된 역사적 장소로서의 돈화문을, 서양식 궁궐 건물로서의 중명전이 아니라 을사늑약이라는 역사적 현장으로서의 중명전을 살펴보는 거죠.

《쏭내관의 재미있는 궁궐 기행2》초판 1쇄가 나온 지 14년이 흘렀습니다. 그동안 많은 강의와 방송 활동을 하면서 저에게는 두 가지 아쉬움이 있었습니

다. 하나는 더 많은 궁궐 속 역사 이야기를 전하고 싶었고, 또 하나는 이 이야기
들을 시대순으로 정리하고 싶었습니다. 게다가 그사이 덕수궁 중명전, 경복궁
흥복전 등 많은 건물이 원래의 모습으로 복원되었습니다. 그래서 이번 개정판
에서는 1392년 조선을 건국한 태조 이성계부터 1989년 고종의 딸인 덕혜옹주
가 돌아가실 때까지 600년의 시간을 역사의 현장이었던 궁궐을 통해 시대순으
로 담아보았습니다.《쏭내관의 재미있는 궁궐 기행》이 경복궁, 창덕궁, 창경궁
등 궁궐 내 공간 여행이었다면, 이번《쏭내관의 재미있는 궁궐 기행2》개정판
은 궁궐 속 역대 임금을 시대순으로 살펴보는 시간 여행이 될 것입니다.

이 책을 읽고 난 뒤 이제 경복궁 근정전에 가서는 1418년 세종대왕이 즉위식 날 밟았던 어도를 따라 걸어봅니다. 그리고 근정전 어좌에 앉은 대왕 세종의 모습을 상상해 봅니다. 경복궁 경회루를 보면서는 1455년 삼촌에게 옥새를 넘기며 눈물을 흘리는 단종의 모습을 상상해 봅니다. 덕수궁 대한문 앞에서는 1919년 3월 1일 일제에 대항하며 "독립만세!"를 외쳤던 조상들의 함성을 들어보시길 바랍니다.

2024년 가을, 개정판을 내며
쏭내관 송용진

차례

2부 조선후기

3부 대한제국 시기

1부

조선
전기

01

태조

조선의 역사를 열다

정도전   태조 이성계   하륜

이방과   이방원   세자 이방석
(둘째 아들) (다섯째 아들) (여덟째 아들)

태조 이성계의 즉위식 - 개성 수창궁

"장군! 이제 고려는 더 이상 희망이 없는 나라입니다. 권문세가(양반)들의 횡포가 극에 달하고 있다는 것은 누구보다 장군께서 더 잘 알고 있지 않습니까? 거리를 나가보소서! 굶어 죽는 백성들이 태반이옵니다. 결단을 내리셔야 합니다."

일찌감치 새로운 나라를 꿈꿔왔던 정도전은 이성계 장군을 설득합니다. 이

태조 이성계 어진

때 이성계의 아들인 이방원 역시 정도전을 거듭니다.

"아버지! 정도전 대감의 말이 맞지 않습니까? 이미 고려의 기운은 끝이 난 듯합니다. 결단을 내리소서!"

결국 이성계 장군은 고민 끝에 허락합니다.

"좋소! 우리가 새로운 시대를 열어봅시다!"

한국사가 바뀌는 순간입니다. 918년 왕건에 의해 만들어진 고려는 세계인들과 무역을 하면서 고려제국으로 성장했습니다. 지금의 '코리아'라는 명칭은 바로 '고려'에서 왔죠.

그러나 영원한 역사는 없는 법. 시간이 지나면서 부자들은 더 많은 돈을 벌고자 백성들을 힘들게 했습니다. 강제로 세금을 내게 하고 중들과 결탁해 부정부패를 저질렀어요. 이런 상황 속에서 정도전, 이방원 등은 이성계와 함께 고려 왕을 쫓아내고 새로운 나라 조선을 건국합니다.

당시 고려의 수도는 지금의 개성공단으로 유명한 개성이었습니다. 개성에

고려의 궁궐, 수창궁과 연경궁

고려왕조의 수도인 개성에는 본 궁궐인 연경궁과 보조 궁궐인 수창궁이 있었어요. 그러나 화재 등 여러 사건들로 인해 연경궁보다는 보조 궁궐인 수창궁이 사실상 본 궁궐로 사용되었고, 이성계 역시 수창궁에서 즉위합니다. 특히 고려의 궁궐 건물 기와는 조선의 회색 기와와 다르게 마치 고려청자 같은 아름다운 색의 기와였다고 합니다.

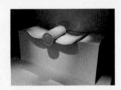

고려 궁궐에 사용된 청자기와

는 수창궁이란 큰 궁궐이 있었어요.

　이성계는 수창궁에서 이야기합니다.

　"내 어쩔 수 없이 큰 자리에 앉았으나 경들의 노력 없이는 불가능하오! 그러니 여기에 모인 모든 이들은 오직 백성을 위해 노력하는 모습을 보여주길 바라오."

　정도전을 중심으로 한 신하들은 새로운 왕의 등극을 축하하며 큰 소리로 외쳤습니다.

　"천세! 천세! 천천세!"

새 왕조와 새 수도 그리고 새 궁궐 – 조선왕조 한양의 경복궁

태조 이성계는 새로운 나라 조선의 왕이 되었습니다. 그런데 정작 수도는 여전히 고려의 수도인 개성이었어요.

　"예로부터 왕조가 바뀌면 반드시 수도를 옮겨왔다. 이제 모든 것이 안정이 되어가니 본격적으로 수도 이전 계획을 잡도록 하라!"

　이렇게 조선왕조의 수도가 정해집니다. 당시 처음 결정된 조선의 수도는 지금의 세종시와 충청남도 계룡시 근처였습니다. 태조는 바로 명령을 내리죠.

　"계룡산 아래가 새 수도로 적합하다고 하니 바로 궁궐을 건립할 땅을 알아보도록 하라!"

　수도 이전은 예정대로 진행됩니다. 궁궐을 짓기 위해 계룡산 아래 땅을 다지고 건축 자재를 옮겼습니다. 하지만 바로 그때 하륜이란 신하가 조용히 태조에게 다가와 말합니다.

　"전하, 지금 새로 건설하고 있는 계룡은 위치가 너무 남쪽이옵니다. 수도는 모름지기 나라의 중심에 있어야 만약의 사태에 대비할 수 있고, 무엇보다 기존 수도인 개성과 가까워야 하는데 지금의 계룡은 이 조건에 맞지 않은 듯하옵니다."

태조는 그의 말에 귀를 기울입니다.

"그대의 말에 일리가 있다."

지금은 대한민국 국토의 중심이 충청남도이지만 당시만 해도 제주에서 백두까지가 모두 조선 땅이었으니 충청도는 지리적으로 남쪽으로 치우친 위치였습니다. 결국 태조는 모든 것을 원점으로 돌리고 다시 수도를 정하라 명령합니다. 이런 과정을 통해 지금의 서울, 즉 한양이 조선의 수도로 결정됩니다. 정도전은 임금에게 한양의 장점을 설명합니다.

"전하, 새로운 수도 한양은 무엇보다 개성과 가까워 이사가 용이하고, 북으로는 북악산이, 남으로는 남산이, 동으로는 낙산, 서로는 인왕산으로 둘러싸인 천혜의 요새이며, 중심에는 청계천이 흘러 백성들이 생활함에 불편함이 없습니다. 게다가 넓은 한강과도 가까워 뱃길을 이용해 쉽게 물자를 이동할 수 있사옵니다."

"경의 말이 맞다. 그대는 지금 당장 한양으로 가서 수도 건립 준비를 하되 특히 종묘 사직은 궁궐보다 더 중요한 곳이니 만전을 기하도록 하라."

종묘는 돌아가신 임금님에게 제사를 지내는 사당이고, 사직단은 임금이 풍년을 기원하며 제사를 지내는 곳이에요. 태조의 명에 따라 정도전은 종묘 사직과 함께 새 나라의 첫 궁궐 건립을 위해 밤낮을 가리지 않고 연구합니다. 그는 직사각형 모양으로 전체 궁궐 터를 정하고, 동서남북 문과 함께 임금이 일할 외전 영역, 왕실 가족들이 생활할 내전 영역 그리고 휴식 공간인 후원을 설계합니다.

설계와 함께 공사는 일사천리로 빠르게 진행됩니다. 건물의 모습이 어느 정

도 윤곽을 드러내자 정도전은 궁
궐의 이름을 짓습니다. 옛날 사
람들은 이름에 따라 운명이 결정
된다고 믿었기에 궁궐 이름 역시
아주 신중히 지었다고 합니다.
정도전은 〈시경〉이라는 중국 시
가집을 보다가 이런 문구를 발견
합니다.

조선의 첫 궁궐 경복궁에 입궐하는 태조

"이미 술에 취하고 덕에 배부르니 군자는 영원토록 크나큰 복을 모시리라!
클 '경景'에 복 '복福', 경복! 새 나라 새 궁궐의 이름으로는 '경복궁'이 좋겠어!"
이렇게 해서 경복궁이라는 이름이 지어집니다.

1차 왕자의 난 – 경복궁 영추문

드디어 새로운 궁궐 경복궁이 완공되었습니다. 그러나 기쁨도 잠시, 시간이 지
나면서 사람들 사이에 갈등이 생기기 시작합니다. 예를 들어볼게요. 두 친구가
같이 식당을 차리기 위해 정말 열심히 돈을 모았습니다. 돈을 다 모은 뒤 둘은
서로 부둥켜안으면서 눈물을 흘렸어요. 하지만 두 친구는 각자 생각하는 식당
이 달랐어요.

"식당은 무조건 분식이지. 떡볶이, 순대! 완전 좋아!"
그러나 다른 친구는 속으로 다른 생각을 하고 있었죠.
"내가 꿈꾸는 식당은 샌드위치 가게였는데…".

그러니까 식당을 차리자는 목표는 하나였지만, 각자가 꿈꾸었던 식당의 모습은 전혀 달랐던 거예요. 당시에도 마찬가지였어요. 정도전에게 새로운 조선 왕조는 똑똑한 신하들이 임금을 도우며 백성을 보살피는 신하들의 나라였어요. 반면에 정도전만큼 많은 역할을 했던 태조의 아들 이방원은 생각이 달랐죠.

"조선왕조는 왕조, 즉 임금의 나라잖아! 왕이 모든 것을 이끌어가야 하는 거야! 왕의 힘이 무조건 강해야 해!"

시간이 지나고 정도전과 이방원의 사이는 점점 멀어졌어요. 당시 태조는 나이가 많아서 사실상 모든 일을 정도전에게 맡긴 상황이었어요. 이런 모습을 본 이방원은 불만이 많았지만 참았어요. 그리고 다음 왕은 당연히 자신이 될 거라 생각합니다. 물론 정도전은 생각이 달랐습니다. 이방원이 왕이 되면 자신이 꿈꾸는 나라를 만들 수 없으니 말이죠. 그래서 정도전은 태조에게 건의합니다.

"전하! 후계자로 정안군(이방원)보다 의안군(이방석)이 어떠신지요? 나이는 어리시지만 총명하기 이를 데가 없사옵니다!"

"내 생각도 그러하다. 방원이는 용맹하고 조선을 건국하는 데 공로가 많긴 하나, 욕심이 너무 많은 것이 흠이다. 차라리 방석이가 방원이보다 나은 듯싶다."

다음 왕이 어리면 정도전은 어느 정도 자신의 뜻을 펼칠 수 있을 것이라 생각했습니다. 이 소식을 들은 이방원의 부하들은 충격에 빠집니다.

"이방석이 세자가 되었다고?"

"대군마마, 어찌 이런 일이 있을 수 있습니까! 이건 모두 정도전의 계략 때문일 것이옵니다. 그자가 나이 드신 주상전하 옆에서 이간질했을 것이 분명합니다!"

이방원은 속으로 생각했습니다.

'아바마마께서 왜 방석이를 선택했을까? 저 어린애가 다음 왕이 되면 조선은 우리 이씨(태조 이성계의 성은 전주 이李씨임)의 나라가 아니라 정도전의 나라가 되는 것이야. 이건 아니지 않은가! 내가 왜 목숨 걸고 아버지를 따랐는데.'

결국 이방원과 그를 따르는 부하들은 정도전을 죽여버리고 맙니다.

정도전이 죽자 그들의 목표는 자연스럽게 어린 세자 이방석으로 향했습니다. 이제 이방석만 죽으면 이방원은 별다른 문제없이 옥새를 물려받을 수 있게 되죠. 이 상황에서 태조는 과연 무엇을 하고 있었을까요? 당시 태조의 나이는 이미 60살이 넘었어요. 조선시대에 60살이면 정말 많은 나이였거든요. 조선을 만든 이성계지만 사실상 은퇴할 나이다 보니 힘이 없었죠.

"이놈 방원아! 내가 이러려고 너를 키웠더냐! 어찌 정도전을! 정도전이 나에게 어떤 존재인지 몰랐더냐!"

"아바마마! 모든 것은 소자가 알아서 할 테니 아바마마께서는 걱정 마시고 건강만 챙기시옵소서!"

"이놈이…."

이방원은 아버지의 말을 듣지 않았어요. 이방원 입장에서는 이제 동생 이방석만 쫓아내면 됩니다. 당시 이방원과 부하들은 경복궁 안에 있는 이방석을 찾고 있었습니다. 이 소식은 어린 이방석에게도 전해졌죠.

"아바마마! 소자는 어찌하면 좋습니까? 저는 형님이 너무 무섭습니다. 소자를 살려주시옵소서!"

"걱정 말거라. 설마 동생을 죽이기야 하겠느냐."

끌려나간 이방석은 형인 이방원에게 애걸합니다.

"형님, 제발 저를 살려주십시오! 저는 세자를 하고 싶지 않습니다. 관심도 없습니다. 그냥 궐 밖에서 조용히 살겠습니다. 살려주세요. 형님!"

"내가 너를 설마 죽이겠느냐. 걱정 말거라. 어쩌겠느냐, 세상이 이러하니 지금 당장 궐을 나가거라. 이것이 형으로서 마지막 조언이다."

"고맙습니다! 형님! 고맙습니다."

이 말을 들은 이방석은 정신없이 경복궁의 서쪽 문인 영추문을 향해 달렸어요. 주변에 모두 칼을 찬 무시무시한 사람들이 있었으니 얼마나 무서웠을까요. 그런데 이방석은 무사히 경복궁을 빠져나갔을까요? 문제는 이방원이 아니라 이방원을 따르던 부하들이었어요. 도망치는 어린 세자를 본 그들은 서로 이야기합니다.

"저렇게 보내도 되겠는가?"

"아니 그럼 어떻게 하겠는가? 이미 대군(이방원)께서도 살려보내라 하지 않

왕자의 난이 일어났던 경복궁 영추문

았는가."

"자네들은 그리 대군의 마음을
모르는가!"

"설마 동생을 죽이라 하겠는가?"

"자네들은 가만히 있게. 내가 알
아서 하겠네!"

결국 이방원의 부하 몇몇은 세자
인 이방석을 쫓아갑니다. 그리고 이
방석이 경복궁 영추문을 통과하던
순간 칼을 휘두릅니다.

"세자 저하! 죄송합니다. 소인을 용서하소서."

어린 이방석이 무슨 죄가 있다고 이렇게 잔인하게 죽였을까요. 게다가 이방
원조차도 살려준다고 약속했는데 말이죠. 하지만 이날 이방석을 살려두었다면
이방석를 따르던 사람들이 가만히 있었을까요? 아마도 그들은 어떻게 해서든
이방원을 죽이고 이방석을 다시 왕으로 앉히려 했을 거예요. 그럼 이방원 측은
또다시 공격을 하겠죠? 이렇듯 역사의 비극은 계속될 수밖에 없었을 겁니다.

이날 이방석이 죽고 모든 권력은 이방원에게로 넘어갑니다. 조선의 역사가
이곳 경복궁 영추문에서 바뀐 겁니다. 이 사건을 역사에서는 왕자들이 서로 죽
고 죽이고 난리를 쳤다 해서 '왕자의 난'이라 부릅니다. 경복궁 영추문을 통과
하면 살려달라고 애원하던 이방석의 울부짖음이 들리는 듯합니다.

02 ―― ―

정종

조선 궁궐에서 옥새를 받은 첫 번째 임금

아버지 이성계

2대 정종
(이방과)

동생 이방원

조선왕조의 첫 즉위식 – 경복궁 근정전

―――

"네 이놈! 네놈이 사람이더냐! 어찌 동생을 죽일 수 있단 말이냐! 당장 내 눈앞에서 사라지거라!"

"아바마마, 이 모든 것이 간사한 정도전과 그를 따르는 무리들 때문이옵니다. 부디 소자의 행동을 이해해 주시옵소서!"

"닥치거라! 당장 내 눈앞에서 사라지지 못하겠느냐!"

태조는 아들 이방원의 행동에 분노하고 있었습니다. 천하를 호령한 이성계도 자식들의 문제로 이렇게 마음고생을 했습니다. 이런 아버지의 분노를 이방원이 모르는 게 아니었어요. 그는 매일 아버지를 찾아 용서를 구했어요.

"아바마마! 소자가 잘못했사옵니다. 그러니 제발 화를 푸시옵소서!"

"너는 한 나라의 왕자다. 네가 동생을 죽인 것은 이미 시골 아낙까지 다 아는 사실이다. 그러니 백성들이 왕실을 어떻게 생각하겠느냐!"

"죄송합니다. 아바마마, 소자를 죽여주시옵소서!"

"자식들도 다스리지 못한 내가 무슨 낯짝으로 백성을 통치하겠느냐! 이제 네 마음대로 하거라!"

실제로 태조 임금은 나이도 많았고 더 이상 이런 꼴을 보고 싶지 않았다고 합니다. 그리고 사실상 당시 모든 권력은 아들인 이방원에게 넘어간 상태였지요. 다음 왕은 당연히 이방원이었습니다. 문제는 그가 냉큼 옥새를 받아 왕이 되면 누가 봐도 동생을 죽이고 왕이 되었다는 소문이 도는 것이었습니다. 그래서 이방원은 고민을 하죠. 그러던 어느 날, 탁 하고 책상을 칩니다. 그리고 형인 이방과를 찾아갑니다.

"형님, 방원입니다."

"아니, 아우님이 어찌 여기까지?"

"형님께서 저를 위해 왕이 돼주셔야겠습니다."

"아니, 이게 무슨 소리인가?"

그는 형에게 사정을 말합니다. 사실 이방과는 동생인 이방원과 완전 다른 성격의 소유자였어요. 성격도 조용하고 별다른 욕심도 없는 사람이었거든요.

"형님도 아시겠지만 제가 뭐 저 혼자 좋자고 정도전을 죽이고 동생도 죽였겠습니까? 다 왕실의 안정과 나라를 위한 일 아니겠습니까? 지금 제가 왕이 되

정종의 즉위식이 열린 경복궁 근정전

면 사람들이 저를 어떻게 생각하겠습니까. 그러니 형님께서 저 대신 임금 자리
에…."

"아우, 내가 어찌 그런 자리에 앉을 수 있단 말인가! 아우 마음은 알겠으나
나는 도저히…."

"형님, 제가 모든 것을 알아서 할 테니 형님께서는 걱정 마시고…."

"아, 알겠네. 내 그리하겠네…."

"고맙습니다, 형님!"

이방원은 아버지 태조 임금에게 이 사실을 알립니다. 태조는 이미 모든 것
을 포기한 상태였어요. 나이도 나이지만 자신이 어떻게 한다고 아들인 이방원
이 바뀔 것도 아니었으니까요.

왕실의 주요 행사가 열렸던 경복궁 근정전(근정전진하도)

즉위식이 열리는 장소, 정전

궁궐 건물 중 규모가 가장 크면서 상징적인 건물이 정전이에요. 정전은 즉위식 같은 국가 행사가 열리는 장소이기도 해요. 이외에도 외국 사신이 오면 임금은 정전에서 환영 행사를 했습니다. 경복궁 근정전, 창덕궁 인정전, 창경궁 명정전, 경희궁 숭정전, 덕수궁 중화전 등이 정전에 속합니다.

"알겠다. 모든 것을 네가 알아서 하거라. 여봐라! 지금 사람을 보내 방과의 즉위식을 준비하게 하라."

바로 이런 과정을 통해 이방원의 형인 이방과는 조선 제2대 정종이 됩니다. 즉위식 장소는 당연히 경복궁의 정전인 근정전

이었겠죠. 1392년에 이성계가 왕이 되었으니 6년 만에 조선의 임금이 바뀐 겁니다. 정종은 조선의 궁궐에서 옥새를 받은 첫 번째 왕이 되었어요. 물론 그 뒤에는 동생 이방원이 있었죠.

아버지를 위한 공간 - 덕수궁

평화로운 분위기 속에 정종의 즉위식은 거행되었습니다. 그러나 즉위식 이후 1년이 되어가는데도 임금 자리를 차지하기 위해 형제끼리 서로 죽이고 죽었다는 소문은 여전히 사라지지 않았습니다. 이방원은 어느 날 임금인 정종을 만나서 이런 이야기를 해요.

"전하! 전하의 훌륭한 통치로 태평성대가 왔사옵니다. 그러나 불행히도 여전히 나쁜 소문이 끊이질 않고 있으니 이번 기회에 다시 수도를 개성으로 옮기심이 어떠하신지요?"

"동생이 그리 정했다면 나는 그대로 따를 것이니 그리하시게."

결국 1399년 한양으로 수도를 옮긴 지 4년 만에 다시 수도는 개성이 됩니다. 개성에는 고려시대 궁궐이었던 수창궁이 있어요. 태조가 개성 수창궁에서 조선의 왕이 되었지요.

수창궁으로 돌아온 정종은 웬만한 일은 동생 이방원에게 맡기고 편하게 궁궐 생활을 했습니다. 물론 대부분의 사람들은 다 알고 있었어요. 임금 뒤에는 동생 이방원이 있다는 사실을요. 어쨌든 아들이 왕이 되었으니 이성계는 자연스럽게 은퇴를 합니다. 보통 은퇴한 왕을 왕 위의 왕이라 해서 윗 '상上' 자를 붙여 '상왕'이라 불러요. 정종과 동생 이방원은 아버지가 여전히 마음이 불편하다는 사실을 알고 있었습니다.

"전하, 이렇게 다시 개성으로 돌아왔으니 아바마마께서 편히 쉴 수 있는 공간을 만들어야 하지 않겠습니까?"

"아우님, 나 역시도 같은 생각이오. 이번 기회에 상왕(태조) 전하를 위한 궁궐을 짓는 게 어떻겠소?"

두 곳의 덕수궁

정종과 동생인 이방원이 아버지(태조 이성계)께서 개성에서 편히 쉴 수 있도록 지은 궁의 이름이 덕수궁이에요. 그런데 당시 덕수궁은 경복궁처럼 많은 건물이 있고 높은 담이 있는 궁궐은 아니었어요. 그냥 규모가 큰 정도의 건물이었죠. 원래 옛날에는 임금이 잠시 생활했던 곳에 반드시 궁이란 이름을 붙였거든요. 이렇게 덕수궁은 상왕 궁이 되었고요. 그때가 1400년이었어요. 그리고 500년 후인 1900년대 고종이 은퇴한 후 생활하던 궁궐의 이름 역시 덕수궁이에요. 그러니까 역사상 덕수궁은 두 곳이었던 거죠.

"좋습니다! 전하, 그럼 궁의 이름을 뭐라 정하는 게 좋겠사옵니까?"

"상왕 전하께서 우리들 때문에 마음고생이 얼마나 심하셨겠는가. 그러니 앞으로라도 오래오래 편히 지내라는 뜻으로 '덕수德壽'라 하면 어떻겠는가?"

"좋습니다."

두 형제는 이렇게 아버지의 궁 이름을 덕수궁이라 정합니다. 기록에 의하면 이런 노력 덕분에 상왕은 그 노여움이 조금 풀렸다고 전해집니다.

03

태종
왕권 강화의 초석을 다지다

형상왕 정종   3대 태종   명나라 사신

큰아들
(폐세자 양녕대군)   둘째 아들
(효령대군)   셋째 아들(세자)
(충녕대군)

다시 한양으로 수도를 옮기다

"아우님, 내가 임금을 한 지도 벌써 2년이 되었소. 이제 아우님에게 옥새를 넘기려 하오."

"전하, 무슨 말씀이시옵니까? 명을 거두어주시옵소서!"

"아니오. 요즘은 몸이 좋지 않아 더 이상 일을 할 수가 없는 지경이에요. 그러니 아우님! 이제 내 옥새를 받아주세요. 여봐라, 내가 아우에게 옥새를 물려주려 한다! 다들 즉위식 준비를 하라."

그러고 보니 왕자의 난이 있었던 지도 2년이 지났고 그사이 여러 소문들도 점점 조용해졌죠. 이는 곧 이방원이 왕이 되기에 적합한 시기라는 의미이기도 합니다.

이방원이 드디어 조선 제3대 태종이 됩니다. 왕이 되자마자 태종은 다시 수도를 한양으로 옮기려 했어요.

"아무리 생각해 봐도 옛 왕조(고려)의 수도였던 개성을 새 왕조의 수도로 사용한다는 것은 문제가 많다! 다행히 한양에는 이미 종묘 사직과 경복궁이 있으니 나는 다시 수도를 옮길 것이다. 모두들 준비하라!"

"전하! 또다시 수도를 옮기다니요. 지난번 한양에서 개성으로 옮길 때에도 얼마나 많은 비용이 들었사옵니까? 부디 다시 한번 생각해 주시옵소서! 많은 이들이 반대를 하고 있사옵니다."

수도를 옮긴다는 것은 많은 관료들 또한 이사를 해야 한다는 뜻이지요. 그들의 가족까지 생각하면 결코 쉽지 않은 일이었습니다. 게다가 특별한 이유도 없었어요. 많은 돈을 들여 한양에서 개성으로 수도를 옮겼는데, 다시 몇 년 만에 한양으로 간다고 하니 당연히 반대의 목소리가 컸겠죠. 그러다 보니 태종도 무작정 고집을 피울 수가 없었어요. 다음 날 그는 회의 시간에 이렇게 이야기합니다.

"경들의 반대가 매우 심하니 나 또한 수도 이전을 강행할 수가 없다. 그래서 나는 이 문제를 조상님들께 물어볼 생각이다."

"전하, 그게 무슨 말씀이신지요?"

왕실의 제사를 지내는 장소인 종묘

"내 직접 종묘(왕실 사당)에 가서 점을 쳐 조상들의 의견을 물어본다는 이야기다!"

다음 날 그는 가까운 신하들 몇 명을 데리고 종묘로 갑니다.

"내 종묘에 가서 조상님들 앞에서 개성에 있을지 아니면 다시 한양으로 갈지에 대한 점을 쳤다. 결과는 개성에 있으면 불행이 찾아오고 한양으로 가면 행운이 온다고 나왔다. 그대들의 의견은 어떠한가?"

와, 정말 대단하지요? 그렇다고 신하들은 무작정 반대할 수가 없었습니다. 수도 이전을 반대하는 일은 곧 왕실의 조상에 대한 반항이니 더 이상 뭐라 할 수가 없었던 거예요. 신하들 말대로 개성에 계속 있다가 혹시라도 좋지 않은 일이 생기면 모두가 이를 반대했던 신하들의 책임이 되고 맙니다. 태종의 이런 억지로 결국 조선의 수도는 다시 한양이 됩니다.

보조 궁궐 – 창덕궁

한양으로 수도를 옮긴 태종은 그 누구보다 열심히 일을 했어요. 아버지 태조가 조선을 건국한 지 10년이 지나서야 비로소 나라에 평화가 오기 시작합니다. 태종은 어느 날 신하들에게 말합니다.

"경들의 노력 덕분에 나라에 평화가 찾아왔다. 다들 고생이 많았다."

"성은이 망극하옵니다. 이 모두 전하의 은덕 때문이옵니다."

"허나 내 한 가지 고민이 있다. 경들도 알다시피 왕조의 수도에는 반드시 두 곳 이상의 궁궐이 있어야 하나, 한양에는 여전히 경복궁밖에 없으니 혹시 화재나 전염병이라도 돌면 이보다 난처한 일이 없을 것이다."

"맞사옵니다. 전하 이제 나라도 안정되었으니 이번 기회에 경복궁의 보조 궁궐을 건립하셔야 하옵니다."

"경들도 동의한 사안이니 영의정은 새 궁궐 건립에 대한 계획을 잡아보도록 하라."

"예, 전하!"

이렇게 해서 경복궁의 보조 궁궐이 완성됩니다. 보통 임금이 생활하는 궁궐을 '법궁'이라 하고, 보조 궁궐을 '이궁'이라고 합니다. 새로운 궁궐이 태어났으니 이름을 붙여줘야겠죠.

"전하께서 명하신 이궁 공사가 거의 마무리 단계에 왔사옵니다. 이

새로 건립된 창덕궁을 살펴보는 태종

제 궁의 이름을 지어야 하는데 전하의 덕이 널리 퍼진다 하여 '창덕'이라 정하였사옵니다!"

"백성을 사랑하는 은덕이 세상 모두에게 퍼지면 그것이 바로 태평성대이니 창덕으로 정하도록 하라."

이렇게 해서 조선의 두 번째 궁궐 창덕궁이 탄생합니다.

불꽃놀이의 현장 – 경복궁 영제교

이제 조선왕조의 궁궐은 경복궁과 창덕궁, 이렇게 두 곳이 되었습니다. 특히 태종은 자신의 명으로 지어진 창덕궁을 매우 좋아했다고 합니다. 그러던 어느 날 다급한 목소리가 전해집니다.

"전하, 조만간 명나라 사신이 방문한다 하옵니다."

"명나라 사신이?"

태종은 얼굴을 찌푸리며 몇 년 전의 일을 생각합니다.

"대인(명나라 사신을 일컫는 칭호), 음식은 좀 입에 맞으셨습니까?"

"그리 나쁘지 않았습니다."

그러면서 사신은 이런 이야기를 꺼냅니다.

"전하, 혹시 이 사실을 알고 계신지요? 지난번 사신이 돌아와서 황제 폐하께 올린 말이 조선 국왕의 성질이 고지식하여 자신을 매우 거만스럽게 대접했다고 하더이다. 이전 왕(태조 이성계)은 그러지 않았다고 하던데…. 아시다시피 사신에 대한 대접은 곧 황제 폐하께 향하는 정성과 같으니, 저는 그냥 이런 소문이 있다는 것을 알려주고 싶어서 말씀 드리는 것이옵니다."

이 말을 들은 태종은 당황해하며 손사래를 쳤어요.

"아니오! 아니오! 그게 무슨 말이오. 황제 폐하의 은혜를 단 하루도 잊지 않고 있는데 다 과장된 소문에 불과하오. 부디 이번에 황제 폐하를 뵈면 잘 좀 말씀드려주소서."

태종은 안절부절못했어요. 지금까지 패기 넘쳤던 태종의 모습은 어디로 간 걸까요? 안타깝지만 이것이 조선의 현실이었어요. 조선은 대국인 중국 옆에 있기 때문에 중국을 부모의 나라로 모셨고 그래서 가끔 방문하는 사신을 잘 대접해야 했지요.

이렇듯 태종의 자존심에 먹칠을 했던 명나라 사신 일행이 온다고 하니 태종의 마음이 어떠했을까요? 그래도 태종은 극진히 그들을 대접했습니다.

"어서 오세요. 황제 폐하께서는 옥체 건강하신지요?"

"주상 전하의 걱정 덕분에 매우 건강하시옵니다."

"폐하께서 건강하시니 그 은혜가 이곳 조선까지 온 것 같소이다. 하하하하!"

경복궁을 방문한 중국의 사신. 조선의 왕도 사신 앞에서는 신하로서 예를 다해야 한다.

근정전에서의 연회가 끝나갈 무렵 태종은 사신에게 말합니다.

"대인, 연회는 어떠했소?"

"덕분에 아주 흥겨웠습니다."

"그렇소? 하지만 여기가 끝이 아니오. 자자, 우리 자리를 이동합시다."

그러면서 태종은 사신을 데리고 근정전의 정문인 근정문으로 나옵니다.

"내 대인을 위해 불꽃놀이를 준비했으니 그 광경에 마음껏 취해보도록 하시오."

"불꽃놀이라 하셨사옵니까?"

"자, 뭣들 하느냐! 어서 시작하라!"

그 순간 근정문 앞 영제교 위로 불꽃이 치솟았습니다. 밤하늘에 불꽃이 퍼지며 장관을 이룹니다.

"오! 대단합니다! 내 중국에서도 이런 광경은 보지 못했습니다!"

궁궐 안 돌다리, 금천교

우리 조상들은 집을 지을 장소로 뒤에는 산이 있고 앞에는 물이 흐르는 곳을 좋아했어요. 임금의 집인 궁궐도 마찬가지였겠죠? 그래서 북악산 자락의 물이 흐르게 도랑을 파서 궁궐 안에 개천으로 만들었어요. 어느 궁궐이든 궁궐의 정문을 통과하면 개천이 나옵니다. 보통 신성한 궁궐 안을 흐르는 개천을 '금천'이라 부릅니다. 여기서 '금禁'은 한자로 궁궐이란 뜻이 있어요. 금천교는 금천을 건너기 위한 다리이겠죠? 이 다리를 건너면 비로소 임금의 세상인 궁궐이니 금천교는 임금과 백성을 연결해 주는 다리이기도 합니다. 특히 경복궁의 금천교는 '영제교'라 불렸는데, 태종은 바로 이곳 영제교 주변에 폭죽을 설치해 중국 사신에게 불꽃놀이를 보여주었어요.

태종이 중국 사신과 불꽃놀이를 감상했던 경복궁 영제교

"대인께서 이렇게 기뻐하니 나 또한 기쁨이 이루 말할 수 없소이다."

불꽃놀이까지 끝낸 후 태종은 정문인 광화문까지 나가 중국 사신을 보냅니다. 정말 기나긴 하루였죠. 그런데 어쩌겠습니까. 이것이 중국이라는 황제의 나라 옆에 있는 조선 임금의 운명이라는 것을요.

이곳은 불꽃놀이의 현장인 경복궁 영제교입니다. 아마도 태종과 사신은 근정문 앞쪽에 앉아 영제교 위로 터지는 불꽃을 감상했을 거예요.

역사를 바꾼 결심 – 경복궁 경회루

창덕궁도 완공되었고 중국의 사신도 잘 대접해서 돌려보낸 태종이 묻습니다.

"명나라 사신 일행은 잘 떠났느냐?"

"예, 전하. 방금 한양 도성을 나섰다고 하옵니다."

"하온데 전하, 아뢰옵기 송구하오나 방금 동궁전에서…."

"세자가 왜? 또 무슨 사고를 쳤느냐?"

"어젯밤 술을 과하게 드시고…."

"뭐라? 내 그리 일렀거늘 또 사고를? 지금 당장 동궁전으로 갈 것이야."

태종이 도착했을 때도 세자는 여전히 술에 취해 횡설수설하고 있었습니다.

"아, 아바마마 오셨사옵니까? 소자는 그저 자연을 벗 삼아 책을 읽고자 잠간 출궁을 했사온데…."

"도대체 술을 얼마나 마신 게냐! 너는 내 다음으로 나라를 이끌 임금이 될 사람이다! 도대체 얼마나 이 아비 속을 태우려고 하느냐!"

태종은 술에 취해 있는 세자를 보며 한탄을 했습니다.

태종에게는 여러 명의 아들이 있었어요. 첫째 양녕대군, 둘째 효령대군, 셋째 충녕대군…. 물론 큰아들이 다음 왕이 되는 법이어서 양녕대군이 세자가 되었는데, 문제는 세자가 글공부보다 술 마시며 노래 부르는 것을 더 좋아했다는 거예요. 반면에 이런 세자와 아주 명확히 비교되는 아들이 있었으니 그가 바로 셋째 충녕대군이었어요.

"충녕, 네가 하루 종일 책만 읽는다는 소식을 들었다. 다 좋은데 너무 책만 읽으면 건강을 해칠 수 있으니 시간이 되면 들판에서 말도 타고 사냥도 하는 게 어떻겠느냐?"

"예, 아바마마! 그리하겠사옵니다."

"전에도 그리하겠다 하더니 결국 또 책만 읽지 않았더냐. 이번에는 이 아비가 책을 모두 압수할 것이니 그리 알라!"

시간이 지날수록 세자는 술에 더 빠졌고, 셋째는 책에 더 빠졌습니다. 그 모습을 본 아버지 태종은 결국 결단을 내려야 했습니다.

'같은 자식인데 어찌 저리도 다르단 말인가. 만약 세자가 왕이 되면 이 나라는 분명 혼란에 빠질 것이야. 차라리 셋째에게 옥새를 주는 것이 좋겠어.'

결국 태종은 신하들에게 명합니다.

"경들도 소문을 들어서 알겠지만 지금 세자의 행동이 날이 갈수록 도를 지나치고 있으니 내 하루도 편히 잠을 잘 수가 없다. 어떻게 이룩한 조선왕조인가! 만약 세자가 다음 왕이 되면 이 나라가 어찌 되겠는가! 그래서 나는 이번 기회에 세자를 바꾸려 한다!"

"전하 아니 되옵니다. 세자를 바꾸심은 중대한 일로 결코 쉽게 결정하실 수는 없사옵니다."

"내 충분히 생각을 하고 결정한 것이니 그리 알고 준비들 하라."

"전하! 아직 세자 저하의 나이가 어리시니…."

"그만들 하라! 난 이미 셋째 충녕으로 정했으니 그리 알라!"

여러분, 셋째 아들 충녕은 누구일까요? 바로 조선을 바꾸고 지금 우리의 삶을 바꾼 세종대왕입니다. 만약 그때 그대로 큰아들이 옥새를 받았다면 지금의 한글이 있었을까요? 그런데 태종에게는 또 다른 걱정거리가 생깁니다. 왜냐하면 시간이 없었거든요. 세자는 어려서부터 철저하게 임금 수업을 받으면서 성장해요. 하지만 방금 세자가 된 셋째는 그런 수업을 받지 못했죠. 게다가 태종은 이미 나이가 꽤 들었거든요. 만약 자신이 갑자기 죽으면 아무리 똑똑한 세자라 해도 얼마나 당황하겠어요. 매일 밤 혼자 고민하던 태종은 가까운 신하들을 경회루로 부릅니다.

"전하, 어인 일로 소신들을 부르셨사옵니까?"

"내 할 이야기가 있어서 이리 불렀다. 그래 새로운 세자는 어떤가?"

"늘 겸손한 자세로 수업에 임하시고 또한 너무나 영리하셔서 한번 들으면 잊어버리는 법이 없으십니다. 훌륭한 임금이 되실 것이옵니다. 걱정 마시옵소서."

"경들의 말을 들으니 정말 기쁘다. 그래서 하는 말인데 내가 옥새를 세자에게 넘길까 한다."

"전하, 그게 웬 말씀이옵니까? 아니 되옵니다."

"됐다. 나는 이미 18년간 임금 자리에 있었으니 이제 내려올 때가 되었다. 게다가 세자가 누구보다 똑똑하니 이 또한 걱정이 없다. 나는 결정을 했으니 지금 당장 즉위식 준비를 하라."

"전하, 불가하옵니다!"

"그만들 하거라! 어명을 어길 셈인가!"

그런데 왜 태종은 갑자기 옥새를 어린 세자에게 건넨다고 했을까요?

태종은 임금 수업을 거의 받지 못한 세자를 최대한 빨리 임금으로 만들어서 적응하게 하려 했던 겁니다. 그러면 본인이 세자 뒤에서 보호막이 되어줄 수 있으니까요. 이날 태종의 깜짝 발표로 세자는 조선 제4대 세종이 됩니다. 그때 태종의 결심이 아니었으면 우리는 한글도 없이 아직까지 천자문을 외우고 있어야 할지도 몰라요. 이런 상상을 하다 보니 지금 눈앞에 보이는 경복궁 경회루가 달라보이는 듯합니다.

태종이 셋째 충녕(세종)에게 옥새를 넘기기로 결심한 경회루

04

세종

백성을 사랑한 임금, 태평성대를 이룩하다

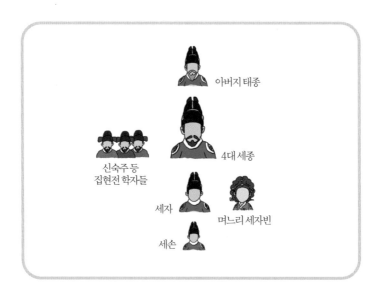

아버지 태종

4대 세종

신숙주 등
집현전 학자들

세자

며느리 세자빈

세손

대왕 세종, 임금이 되다 – 경복궁 근정전

경회루에서 한 태종의 깜짝 선언은 많은 신하들을 혼란에 빠뜨렸어요. 왕이 아직 건강한데 은퇴를 하겠다고 하니 당연하겠죠. 여기저기서 반대의 목소리가 나옵니다.

"전하, 아니 되옵니다. 아직 건강하시온데 양위(임금 자리를 넘기는 일)라니요. 양위는 아니 되옵니다. 부디 거두어주시옵소서!"

이 소식을 들은 세자 역시 부랴부랴 달려와 호소합니다.

"아바마마! 부디 어명을 거두어주시옵소서! 소자는 아직 준비가 되어 있지 않사옵니다."

그러나 태종은 결정을 바꾸지 않았어요.

"나는 이미 결정을 했다. 그리고 세자는 안으로 들어오라."

"아바마마! 소자는 받을 수 없사옵니다."

"세자는 듣거라. 내가 어찌 네 마음을 모르겠느냐. 그러나 내게는 시간이 없다. 임금은 스스로 되는 것이 아니라 피나는 노력에 의해 만들어지는 것이다. 그래서 세자 시절부터 제왕 수업을 받는 것 아니더냐. 하지만 너는 갑자기 세자가 되었으니 그럴 시간이 없었다. 게다가 이 아비가 천년만년 사는 것도 아니니 나는 지금 너를 임금으로 만들어 제왕 수업을 대신하게 할 것이다. 너무 걱정하지 말거라. 중요한 결정은 내 직접 챙길 것이니…."

"아바마마, 소자가 어찌…."

태종은 눈물을 흘리는 세자를 일으켜 세워 익선관(임금이 즉위할 때 쓰는 모자)을 직접 씌어주었습니다.

"익선관을 쓰니 이제야 임금 같구나! 세자, 아니 주상! 성군이 되세요. 여봐라, 지금 당장 즉위식을 준비하라!"

"성은이 망극하옵니다."

이 순간은 우리 오천년 역사 중 가장 극적인 장면이 아닐까 합니다.

1418년 8월 10일 오후 5시 경복궁 근정전에서는 성대한 즉위식이 열렸습니다. 근정전 앞마당에는 왕실 가족과 친척 그리고 신하들까지 모두 모여 새로운 왕을 기다리고 있었습니다. 거기에는 심지어 승려들과 바다 건너 장사를 하

1418년 세종대왕 즉위식이 열린 경복궁 근정전

러 온 아랍인들까지 초대받았어요. 말 그 대로 경사 중의 경사였습니다.

이윽고 새 임금 세종의 모습이 보입 니다. 그는 근정문을 통해 한 걸음 한 걸 음 조심스럽게 근정전으로 향했습니다. 임금이 근정전의 용상(임금의 의자)에 앉 자 즉위 교서가 발표됩니다. 즉위 교서 는 오늘날의 대통령 취임 선서 같은 것

입니다. 여기서 잠깐 세종대왕께서 어떤 말씀을 하셨는지 들어볼까요?

"태조 대왕께서 나라를 건국하시고 부왕(아버지)께서 이를 이어받아 태평성

세종대왕이 즉위한 근정전 어좌

대를 이룬 지 벌써 20여 년이 넘었다. 하지만 근래 부왕께서 오랜 병환으로 나에게 왕위를 받으라 명령하시었다. 나는 여전히 어리고 경험이 없어 몇 번이고 사양하였으나 결국 허락을 얻지 못하고 이렇게 여러 신하들의 인사를 받게 되었다. 지금 이곳에 있는 모든 이들은 나를 도와 부왕께서 땀 흘려 이루어주신 은혜를 갚아야 할 것이다."

즉위 교서의 낭독이 끝나자 모든 사람들이 일제히 새 임금의 등극을 축하하면서 외칩니다.

"천세! 천세! 천천세!!"

세종대왕의 힘 – 경복궁 집현전(현 수정전)

드디어 세종이 임금이 되었습니다. 그는 임금이 되어 똑똑한 인재들을 많이 뽑았습니다. 신숙주, 성삼문, 정인지, 박팽년 등 우리가 위인전에서 자주 만났던 인물입니다. 보통 이들을 집현전 학자라고 하죠.

사실 집현전은 세종 때 처음 만들어진 관청은 아니에요. 고려시대부터 있었는데 제 기능을 하지 못하다가 세종이 다시 부활시킨 것입니다. 세종은 학자들에게 말합니다.

"필요한 것은 뭐든 지원할 터이니 그대들은 마음껏 연구하길 바란다."

세종은 집현전 학자들을 매우 아꼈어요.

"전하, 이번에 제주도에서 올라온 감귤이옵니다. 맛이 아주 좋으니 한번 드셔보소서."

"아니다, 나는 됐다. 지금 열심히 연구 중인 집현전으로 보내도록 하여라."

집현전 학자들은 밤새 연구를 하며 세종을 도왔어요. 어느 날 밤, 침전에서 글을 읽던 세종이 갑자기 내시에게 이야기합니다.

"내 볼 책들이 있으니 잠시 집현전에 다녀와야겠다."

"전하, 소신을 시키시옵소서!"

"아니다. 소화도 시킬 겸 걸어서 다녀올 것이다."

세종이 집현전에 도착하자 그곳에는 불이 켜져 있었습니다.

"밤이 늦었거늘 누가 아직도 있는가?"

"아마 불을 켜두고 퇴궐을 했나보옵니다."

세종과 내시가 집현전 안으로 들어가자 학자인 신숙주가 글을 읽다 잠이 든 모습이었습니다.

"전하, 송구하옵니다. 지금 바로 깨우겠사옵니다."

"아니다. 얼마나 피곤했으면 이리 잠이 들었겠느냐."

그러면서 세종은 자신의 곤룡포를 벗어 신숙주에게 덮어주었다고 합니다. 정말 감동적인 일화지요?

물론 집현전 학자들이 세종에게 항상 힘이 되었던 것은 아니었습니다. 세종 하면 떠오르는 가장 큰 업적은 단연 한글이죠. 이 한글 창제를 가장 반대했던 이들이 바로 집현전 학자들이었으니까요. 세종은 늘 고민했어요.

'한자는 너무 어려워. 게다가 우리말과도 맞지 않고 글자 수도 너무 많지 않은가! 글자를 만들어야겠어. 우리 백성들이 쉽게 쓰고 읽을 수 있는 그런 쉬운

글자를 말이지!'

그는 집현전 학자들을 불러 자신의 생각을 말합니다.

"그대들이 알다시피 한자는 중국의 글자를 빌려 쓰고 있을 뿐 우리의 글이 아니다. 게다가 일반 백성들이 외우기엔 너무 방대한 양 아닌가. 그래서 나는 우리 글을 만들고자 한다. 경들의 생각은 어떠한가?"

"전하, 불가하옵니다. 지난 수천 년간 우리는 한자를 사용해 왔습니다. 이제 와 우리 글자를 만든다는 것은 중국을 배신하는 길이니 소신들은 절대 받아들일 수 없사옵니다."

사실 중국을 배신한다는 것은 핑계에 불과했어요. 요즘 우리는 누구든 쉽게 인터넷 검색을 통해 많은 정보를 얻을 수 있게 됐죠. 인터넷이 많은 사람들을

세종 시절에 집현전으로 사용되었던 경복궁 수정전

똑똑하게 만들어주었습니다. 바로 이 인터넷 같은 역할을 했던 것이 한글이었던 거예요. 당시에 한자는 양반들만 사용하는 글자였어요. 즉 한자를 아는 사람들만 정보를 얻을 수 있었죠. 그런데 만약 누구나 읽을 수 있는 글자가 만들어지면 어떻게 될까요? 모든 정보가 자연스럽게 퍼져나가고 똑똑해진 백성들이 양반들을 무시할 수도 있겠죠? 그래서 집현전 학자들도 이를 반대했던 거예요.

그럼에도 세종대왕은 한글 창제를 포기하지 않았어요. 자식들도 연구에 동참했고 결국 백성들을 위한 문자 한글이 만들어집니다. 한글을 쓰는 우리는 한글이 얼마나 위대한 문자인지 잘 몰라요. 마치 늘 옆에 있는 공기처럼 말이죠. 한글의 위대함은 두 가지로 요약할 수 있어요. 첫째는 전 세계 문자 중 유일하게 누가 만들었는지, 또 어떻게 만들었는지 기록이 남아 있다는 거예요. 둘째는 인간이 들을 수 있는 모든 소리를 가장 정확히 표현할 수 있는 유일한 문자라는 점이지요.

지금의 수정전은 원래 집현전 건물이었으나 시간이 지나면서 다양한 기능의 건물로 사용되다가 수백 년이 흘러 수정전이란 이름으로 남게 되었습니다. 수정전 앞에 서 있으면 신숙주에게 옷을 덮어준 세종대왕의 모습이 그려집니다. 세종대왕이 한글을 만든 이유에 대해 기록에는 다음과 같이 나옵니다.

"우리나라의 말이 중국의 한자와 달라 서로 뜻이 통하지 아니하므로, 한글을 잘 모르는 백성들은 말하고 싶은 것이 있어도 자신의 생각을 잘 표현하지 못하는 사람이 많지 않은가. 내 이를 딱하게 여기어 새롭게 28자를 만들었으니, 앞으로 모든 백성들은 누구나 쉽게 익혀 편히 쓸 것이다."

세종의 과학실 – 경복궁 흠경각

대한민국 과학자들이 꼭 타고 싶어 하는 상 중 하나가 '장영실상'입니다. 장영실은 그만큼 위대한 업적을 남긴 과학자인데, 그는 세종대왕의 전폭적인 지원으로 그 능력을 발휘했다고 합니다. 세종대왕은 과학에 관심이 매우 많았는데, 자신이 생활하는 강녕전 근처에 흠경각이라는 과학실을 지을 정도였지요.

"경도 알다시피 지금 있는 해시계는 밤에는 전혀 사용할 수가 없다. 물시계가 있긴 하지만 성능이 안 좋고 그 정교함이 떨어진다. 그러니 이번 기회에 좀 더 정확한 물시계를 만들도록 하라."

"성은이 망극하옵니다."

세종의 관심과 지원을 받은 장영실은 밤새 연구를 하면서 당시로서는 상상할 수 없을 정도로 정교한 물시계를 만들어냅니다.

"전하, 드디어 장영실이 물시계를 완성했다고 하옵니다."

"그래? 듣던 중 반가운 소리 아니더냐. 내 직접 눈으로 그 모습을 확인할 것이야."

장영실은 임금 앞에서 물시계의 원리를 설명하며 직접 시연해 보였습니다.

"그래, 작동 원리는 어떻게 되는가?"

"간단히 말씀드리자면 저 위에 큰 물통의 물이 앞 기둥으로 들어가는데 기둥 안에는 물에 뜨는 나무가 들어 있습니다. 기둥 안에 물이 찰수록 나무는 위로 올라가고 그러면서 기둥 위쪽의 쇠구슬을 떨어트립니다. 구슬이 아래쪽에 있는 시소로 떨어지면 반대쪽 인형이 위로 올라가면서 동시에 징을 쳐 시간을 알리는 것이옵니다. 그래서 이 시계의 이름을 '스스로 자自, 칠 격擊, 물시계 루漏'를 써서 자격루라 하였사옵니다."

장영실의 물시계가 설치되었던 경복궁 흠경각

"오! 놀랍도다! 이제 우리 백성들이 밤에도 시간을 알 수 있게 되었구나."

"하오나 아직 완성품은 아니옵니다. 좀 더 다듬어 완벽을 기하겠사옵니다."

"내 이 시계를 자주 보고 싶으니 내 침전 옆에 건물을 짓고 시계를 설치하도록 하라."

"성은이 망극하옵니다."

이후 장영실은 기존의 것보다 훨씬 업그레이드된 최신형 물시계를 새로운 건물 흠경각에 설치합니다. 1438년 흠경각 완공식 날 방문한 세종에게 신하들이 자세한 설명을 합니다.

"그래, 드디어 완성되었구나! 이것이더냐?"

"예 전하, 소신이 간단히 설명을 올리겠나이다."

"백성들이 제 시간을 알고 그로 인해 농사가 잘돼 풍년이 들면 온 나라가 풍요로워지니 임금의 가장 큰 임무 중 하나는 백성들에게 정확한 시간과 계절을 알려주는 것입니다. 다행히 오늘 이곳 흠경각에 물시계를 설치했는데 그 정확함과 쓰임이 기존의 것과는 완전히 다르옵니다. 이번 물시계의 형태와 기능은 이렇습니다. 풀 먹인 종이로 2m 높이의 모형 산을 만들고 동서남북 각각은 봄, 가을, 여름, 겨울의 경치로 꾸몄으며, 산 위로는 금으로 만든 작은 태양을 설치하여 밤에는 지고 낮에는 뜨게 하였으며 그 움직임이 실제 태양의 움직임과 일치합니다. 그것은 구슬이 모형 산 아래 설치된 물시계와 연결되어 있기 때문입니다. 떨어지는 물의 양과 그 힘에 의해 각 시간마다 옥으로 만든 인형이 목탁을 치기도 하고 징을 치기도 하며 시간을 알려줍니다. 사람의 힘을 빌리지 않고도 저절로 치고 저절로 운행하는 것이 마치 귀신이 시키는 듯하여 보는 사람마다 놀라지 않은 이가 없을 정도로 모든 시간은 한 치의 오차도 없이 정확합니다."

"오, 그래! 이제 밤에도 정확한 시간을 알 수 있으니 백성들에게 많은 도움이 되겠구나. 그런데 저기 모형 산 주변의 그림들은 무엇인가?"

"모형 산 사방에 농사 짓는 모습의 그림을 넣은 것은 전하께서 이 그림을 보실 때마다 백성을 사랑하는 마음과 농사의 중요성을 한번 더 생각하시길 바라는 마음에서이옵니다."

이는 조선의 백성들이 대부분 농사를 지으니 임금이 항상 농사의 중요성을 생각한다면 그것이 바로 백성을 사랑하는 길이다라는 뜻입니다. 그래서였을까요? 세종은 그 누구보다 조선의 농업 발전에 많은 공헌을 한 임금이었습니다.

지금 흠경각 안의 물시계는 사라졌지만 그 앞에 서 있으면 징을 치는 인형의 모습을 보며 좋아하셨을 세종대왕의 모습이 그려지네요.

"이제 우리 백성들이 밤에도 쉽게 시간을 알 수 있을 것이다. 하하하!"

부활한 흠경각 물시계

세종대왕은 흠경각의 물시계 이외에도 경복궁 경회루 주변에 대형 물시계인 자격루를 설치했습니다. 그러나 불행히도 전쟁, 화재 등으로 대부분 사라지고 말았어요. 그 뒤 현대에 와서 경회루 앞 자격루를 복원하는 데 성공해서 지금은 국립고궁박물관에 전시되어 있습니다. 흠경각 안의 물시계는 자료가 부족해서 다시 만들지 못하다가 드디어

흠경각 물시계(대전 국립중앙과학관)

2019년 복원에 성공합니다. 지금은 대전에 있는 국립중앙과학관에 가면 그 모습을 볼 수 있어요. 스스로 징을 치는 인형의 모습부터 모든 것을 옛 기록 그대로 만들었답니다.

백성을 사랑하는 마음 – 경회루 옆 초가집

세종대왕은 비가 오나 눈이 오나 백성 사랑뿐이었어요. 한글도 물시계도 결국 백성을 사랑하는 마음에서 나온 것이죠. 세종의 백성 사랑을 잘 보여주는 일화는 또 있어요.

1421년 한양에는 봄 가뭄에 전염병까지 유행하는 최악의 상황이었어요. 매일 죽어가는 백성의 수가 헤아릴 수 없을 정도여서 세종의 마음은 너무 무거웠습니다. 당시 세종은 창덕궁에서 생활하고 있었지요.

"전하, 이번 전염병이 창덕궁 안까지 유행을 하게 되어 환자가 속출하고 있사옵니다. 그러니 속히 경복궁으로 옮기셔야 할 듯하옵니다."

"알았다. 그러나 나는 경복궁 강녕전(임금의 침전)으로 들어가지 않을 것이다. 얼마 전 보니 경회루 옆에 목재가 쌓여 있던데 지금 당장 그 목재로 작은 초가집을 하나 짓거라. 내 그곳에서 생활을 할 것이야."

"전하, 아니 되옵니다! 한 나라의 임금이 어찌 초라한 초가집에서 생활을 할수 있단 말입니까. 거두어주시옵소서!"

"아니다. 하루하루 힘들어하는 백성들을 생각하면 이조차도 사치스럽다 할수 있겠다. 지금 당장 공사를 시작하라. 단 내부 역시 사치스러우면 안 될 것이니 물건 하나도 내 허락 없이는 함부로 넣지 말거라."

"성은이 망극하옵니다."

지금으로부터 600년 전, 조선 최고의 권력자가 백성들이 힘들어하니 그 고통을 분담하겠다며 초가집에서 생활한 겁니다. 지금은 경회루 옆 초가집이 남아 있지 않지만 경회루를 가게 된다면 꼭 상상해 보세요. 백성을 생각하며 고뇌에 빠진 세종대왕의 모습을요.

열혈 학부모 세종의 자식 사랑 - 경복궁 자선당

조선왕조는 큰 아들이 아버지의 옥새를 물려받아 왕이 되는 것이 법이었어요. 그런데 이 법은 쉽게 지켜지지 않았지요. 조선을 건국한 태조 이성계 다음 왕은 태조의 둘째 아들인 정종이었고, 3대 임금은 태조의 다섯 번째 아들인 태종이에요. 그럼 세종은 어떤가요? 태종의 장남이 아닌 셋째 아들입니다. 이런 사실을 세종도 잘 알고 있었지요.

"조선이 개국하고 두 분의 임금이 계셨지만 안타깝게도 모두 장남이 아니셨다. 생각해 보면 나 역시도 형님(양녕대군)을 대신해 이 자리에 올랐으니 따지고 보면 법을 어긴 것이다. 하지만 앞으로는 절대 이런 일이 없을 것이다. 다행히 어린 세자가 똑똑하니 경들은 최선을 다해 세자를 보필해 나의 옥새를 받을 수 있게 하라."

"어명 받들겠사옵니다. 하오나 전하, 아직 경복궁에는 정식 동궁전이 마련되지 않아….".

임금이 이미 떠올라 있는 태양이라면 세자는 앞으로 떠오를 태양입니다. 태양은 동쪽에서 뜨기 때문에 세자의 공간은 궁궐의 동쪽에 만들지요. 그래서 세자의 공간을 동궁전이라고 합니다. 그런데 신하의 대답처럼 당시만 해도 경복궁 내에는 제대로 된 동궁전이 없었어요.

"맞는 말이다. 개국한 지 30년이 넘어가는데 아직 궁궐에 제대로 된 동궁전이 없다는 것은 말이 되지 않는다. 근정전 동쪽에 세자를 위한 공간을 짓도록 하라."

이렇게 해서 경복궁 내 세자의 공간인 자선당이 지어집니다. 그리고 동시에 최고의 학자들을 뽑아 세자를 가르치게 하죠.

세종의 손자인 단종이 태어난 경복궁의 동궁 자선당

그런 세종이 어느 날 매우 화가 나서 신하들에게 이야기합니다.

"지난 번 중국 사신이 왔을 때 세자를 데리고 갔는데 세자가 사신의 질문에 낯을 가리고 수줍어해 마치 계집애처럼 행동을 하였다. 아무리 나이가 어려도 그렇지, 내가 다 창피했다. 게다가 매일 운동을 안 해서인지 피둥피둥 살만 찐 모습에 내 더 이상 두고는 못 보겠으니 앞으로 글공부만큼 체력 활동에도 많은 신경을 쓰기 바란다."

세종의 자식 사랑 덕분이었을까요? 세자는 훌륭하게 성장했고 결혼도 합니다. 그리고 세종은 드디어 손자까지 보게 됩니다.

"궁궐에 경사가 났도다. 앞으로 이보다 기쁜 일은 또 없을 것 같구나!"

그 손자는 훗날 조선 제6대 임금인 단종이 됩니다. 그러나 이 행복은 얼마 가지 못했어요. 세자빈(세종의 며느리)이 아들(단종)을 낳고 다음 날 생을 마감하지요.

세종이 아들인 세자(문종)를 위해 지어준 곳이 바로 경복궁 자선당입니다. 이곳에서 손자(단종)가 태어났고 세자빈(현덕왕후)이 세상을 떠났습니다. 이처럼 자선당에는 정말 많은 이들의 이야기가 담겨 있습니다.

05

문종

무기 개발로 국방력을 키우다

아버지 세종

신숙주   5대 문종

세자

임금 역할을 한 세자 – 경복궁 계조당

세종의 뒤를 이어 왕이 된 분은 문종입니다. 그런데 문종은 임금 시절보다 세자 시절이 훨씬 길었던 왕이었어요. 무려 28년 동안 세자로 지냈거든요. 그러다 보니 그는 인생의 대부분을 경복궁의 동궁전인 자선당에서 보냈습니다. 특히 그는 아버지 세종을 도와 많은 일을 했던 세자였어요.

"세자, 요즘 들어 가뭄이 점점 심해지고 있다. 이럴 때일수록 비의 양을 정확히 측정하는 것이 중요한데 그 기준이 없으니 네가 한번 그 방법을 만들어보거라."

"예, 아바마마."

이 말을 들은 세자는 밤낮을 가리지 않고 열심히 노력했고, 드디어 세계 최초로 비의 양을 측정하는 기구인 측우기를 만들었어요.

"아바마마, 지난번 말씀하신 기구를 완성하였사옵니다."

"오, 네가 큰일을 했구나! 이제 매년 비의 양을 정확히 기록해 가뭄에 대비할 수 있게 되었다. 장하구나!"

아버지는 자신만큼 열심히 일하는 세자의 모습을 늘 자랑스러워했습니다.

"전하, 세자 저하의 총명함에 다시 한번 놀라지 않을 수 없었사옵니다."

"나도 그렇게 생각한다. 내 말 한마디에 저리 훌륭한 물건을 만들어내니 말이다. 그런데 내 하나 마음에 걸리는 것이 환경이다. 지금 세자가 생활하는 자선당과 학문을 닦는 비현각이 있긴 하나 너무 좁은 듯하다. 나는 세자를 위해 집을 한 채 선물하려 한다. 경들은 어떠한가?"

"지당하신 말씀이옵니다. 세자께서는 장차 이 나라 조선을 이끌 임금이 되실 분이오니 이는 백성들을 위해서라도 꼭 필요한 조치라고 생각하옵니다."

이렇게 세종의 명에 의해 경복궁에 계조당이 지어집니다. 계조당은 생활 공간인 자선당 앞에 세워졌으

문종이 세자 시절 임금 수업을 받았던 경복궁 계조당

자선당과 주변 건물들

세자의 공간인 동궁전을 동궁 영역이라고
표현합니다. 그 이유는 이곳에 세자의 집인
자선당을 중심으로 세자의 학교인 비현각,
세자의 사무실인 계조당, 세자의 스승이 일
하는 춘방, 세자의 호위무사들을 관리하는
계방 등 많은 건물이 있었기 때문입니다.

경복궁 근정전 동쪽에 위치한 동궁 영역

며 이곳에서 세자는 신하들과 함께 회의도 하고 때로는 외국 사신들을 만나기
도 하는 등 임금으로서 해야 할 일들을 연습합니다.

"세자, 계조당은 마음에 드느냐?"

"예, 아바마마! 덕분에 많은 것을 배우고 있사옵니다."

"그래 내 너를 부른 이유는 다름이 아니라 너에게 임금의 일을 맡기려 하기
때문이다."

"아바마마, 소자가 어찌…. 소자는 절대 받아들일 수 없사옵니다."

"걱정 말거라. 나는 지난 20여 년간 너의 모습을 지켜보았다. 너는 충분히
해낼 수 있을 것이야."

"아바마마, 소자는 아직…."

"나는 이미 마음을 정했으니 그리 알라. 도승지(비서)는 나의 명을 신하들에
게 전하고 세자의 대리청정(세자가 임금을 대신해 나랏일을 돌봄) 준비에 만전을
기하라."

계조당은 세자 문종이 아버지 세종대왕을 대신해 열심히 일했던 곳이에요. 문종은 무려 28년간 세자로서 아버지를 도와 일했습니다. 특히 세종의 건강이 몹시 안 좋아진 이후에 세자 문종은 사실상 임금으로서 나라를 이끌었지요.

군사덕후 문종 – 경복궁 후원 (충순당)

세자(문종)가 계조당에서 임금 역할을 하고 있을 때 아버지 세종의 건강은 점점 악화되어갔습니다.

"세자, 나는 이제 얼마 남지 않았구나. 궁궐 밖에서 마음 편히 쉬고 싶다. 나는 지금 네 동생인 영응군 집으로 갈 것이다."

"아바마마, 영응군의 집은 너무 좁습니다. 차라리 창덕궁으로 옮기심이 어떠하온지요?"

"아니다. 내가 궁궐에 있으면 신하들은 나의 눈치를 더 많이 볼 것이다. 그리고 무엇보다도 일과 생활의 구분이 없는 궁궐은 불편하구나. 차라리 영응군 집에서 마음 편히 지내는 것이 나을 듯싶다."

"예, 아바마마! 그럼 그리 준비하라 하겠사옵니다."

한 나라의 임금이 궁궐 밖으로 나간다니 좀 의아한 일이죠? 하지만 임금이 나이가 많거나 몸이 좋지 않으면 휴양차 궐 밖 왕실 가족의 집에서 지내기도 했다고 합니다. 세종의 경우 평상시 예뻐하던 아들인 영응대군 집으로 가서 휴식을 취한 것 같습니다. 그러나 세종은 다시는 경복궁으로 돌아오지 못하고 영응군 집에서 생을 마감합니다.

조선시대 법에 의하면 세자는 임금이 돌아가신 궁궐에서 즉위를 해야 합니다. 그러다 보니 세자는 경복궁이 아닌 동생 집에서 즉위식을 해야 했습니다. 그가 조선 제5대 임금 문종입니다.

문종은 정말 효자였어요. 그러니 누구보다 그 슬픔이 컸습니다.

"아바마마, 눈을 뜨시옵소서! 소자가 여기 있지 않사옵니까. 소자를 두고 어딜 가시옵니까. 제발 눈을 뜨소서!"

주변의 신하들은 즉위식을 서둘렀지만 문종은 계속 눈물만 흘렸습니다. 장례식이 끝난 이후에도 문종은 임금의 침전인 경복궁 강녕전으로 들어가지 않았어요. 자신이 효를 다하지 못해서 아버지가 돌아가셨고, 그래서 자신 스스로를 죄인이라 부르며 차마 들어가지 못했다고 해요.

"전하, 대전이 비어 있사옵니다. 어서 드소서."

"아니다. 나 때문에 아바마마께서 돌아가셨는데 내 어찌 아바마마의 침전을 사용할 수 있단 말이냐. 나는 죄인이므로 충순당에 머무를 것이다."

"전하, 충순당은 임금이 머물 곳은 아니옵니다. 어찌 임금이 내전이 아닌 후원에 있는 건물에서 지낼 수 있사옵니까. 통촉하여 주시옵소서!"

"경들의 말은 일리가 있으나 나는 도저히 들어가지 못하겠다. 이해하기 바란다."

당시 문종이 지냈던 충순당은 경복궁의 담 밖에 위치한 후원 영역이었던 것으로 추정됩니다.

임금이 된 문종은 가장 먼저 국방력 강화에 나섰어요. 문종은 어느 왕보다도 군사력에 관심이 많았습니다. 그 이유는 1450년에 일어난 사건 하나 때문인데요. 당시는 문종이 아버지를 대신해 사실상 임금의 역할을 하고 있을 때였어요.

"지금 명나라의 황제가 몽골족에게 잡혀 지금은 황제의 동생이 즉위하였다고 합니다."

"아니 그게 무슨 일인가! 황제가 잡혀가다니! 설명해 보도록 하여라."

"명나라 북쪽으로는 다양한 민족들이 살고 있는데 평소 명나라는 그들과의 관계를 평화적으로 유지하고자 하여 친하게 지내는 정책을 펼쳤사옵니다. 그러나 세금을 내지 않고 몰래 무역을 하는 경우가 많아져 명 황제가 군사를 보내 강경 정책으로 바뀌었는데 이에 불만을 품은 몽골족이 침략해 명 황제가 납치되는 사건이 일어났다고 하옵니다."

"아니 이게 웬 변고(갑자기 일어난 좋지 않은 일)란 말인가. 하지만 이는 명의 이야기만은 아니다. 우리 조선 역시 북으로 여진족 등 다양한 민족과 맞대고 있으니 지금부터라도 국경의 경계를 더욱 더 엄하게 서야 할 것이다."

세상에 천하의 명나라 황제가 납치되는 사건이라니, 여진족을 이웃으로 둔 세자(문종) 입장에서는 놀랄 수밖에 없었을 거예요. 그래서 문종은 왕이 되자마자 신무기 개발에 많은 노력을 기울여요. 세종 때 만들어진 신기전 역시 세자인 문종이 주도해서 만든 겁니다.

"나라를 통치하는 일에서 국방만큼 중요한 일이 또 있겠는가! 지금 당장 경복궁 내에 공간을 만들어 무기 연구와 제작에 힘쓰도록 하라."

요즘으로 비유하면 청와대 안에 국방연구소를 만든 것과 같지요.

"그래 요즘은 무슨 무기를 연구 중인가?"

"예, 신기전의 사격 거리를 더 늘리고자 그 크기를 키우고 있사옵니다."

"오 그래? 전투 때 거리를 늘리면 그만큼 적에게 위협이 될 것이다. 앞으로 신기전 관련 연구 결과는 내게 직접 보고하라."

이렇듯 문종은 매일같이 무기 제작을 확인했어요. 그러자 이를 보다 못한 신하 신숙주가 다음과 같이 아룁니다.

경복궁 내 충순당이 있던 자리에 현재 태원전이 들어선 것으로 추정된다.

"전하! 전하께서 국방의 중요성을 강조하는 것은 매우 잘하시는 일이오나 경복궁 내에 무기를 제작하는 시설까지 만드는 것은 너무 과하신 듯하옵니다. 임금이 챙겨야 할 일은 수만 가지이오니 무기와 관련해서는 부디 아랫사람을 시켜 챙기시옵소서!"

"아니다. 무기를 만들고 연습하는 것은 나라의 큰일 아니더냐. 경은 명나라 황제 납치 사건을 기억하지 못하는가! 평상시 준비가 있으면 걱정이나 근심도 사라지는 법. 그리고 이런 일은 임금이 직접 챙기지 않으면 진행이 느리니 내 직접 챙기는 게 맞다."

정말 대단하지요? 아마 문종은 개발된 무기를 궐내에서 직접 실험했을 거예요. 그럼 어디서 실험을 했을까요? 궁궐은 크게 임금이 일을 하는 외전, 생활을 하는 내전 그리고 후원 영역으로 나뉘죠. 그리고 이 후원 영역에 임금이 직접 군사 훈련을 하는 장소가 있습니다. 대표적인 곳이 바로 지금의 청와대 자리입니다. 문종 때 경복궁은 지금보다 작았을 것이지만 어쨌든 지금의 경복궁 뒤쪽인 청와

음…
폭약을 좀 더
약하게 해야겠군~

저…전하…
릴렉스… 프리즈~

대 일대에서 군사 훈련을 했던 것으로 추정됩니다. 게다가 후원으로 넘어가는 경복궁의 북쪽 문에는 용맹한 현무(거북과 뱀이 뭉쳐진 상상의 동물)의 모습이 그려져 있어요. 신무문을 넘어가 청와대를 바라보고 있으면 570여 년 전 신기전을 실험했던 문종의 모습과 포탄 소리가 들리는 듯합니다.

아하!그렇구나!

경복궁 후원과 청와대

대통령들이 살았던 청와대는 원래 경복궁의 후원에 속한 곳이에요. 특히 경복궁 후원에는 임금이 직접 군사 훈련을 지휘하던 넓은 터가 있었는데 이곳을 경무대라 불렀어요. 나중에 경무대가 있었던 곳에 대통령의 공간이 만들어지면서 오늘날 청와대로 변하게 됩니다.

현재 청와대 자리에는 경복궁의 후원인 경무대가 있었다.

06
단종
삼촌에게 옥새를 빼앗긴 비운의 임금

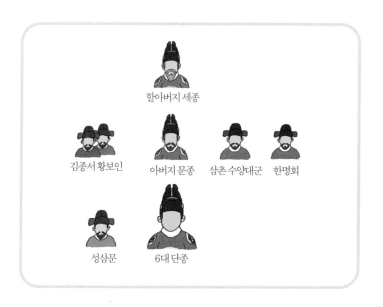

할아버지 세종

김종서 황보인 아버지 문종 삼촌 수양대군 한명회

성삼문 6대 단종

운명을 바꾼 현장 – 경복궁 근정문

문종은 개인적으로 매우 불행한 왕이었어요. 아버지 세종대왕을 도와 세자로서 무려 28년을 지냈지만 왕이 된 지 3년도 되지 않아 생을 마감했어요. 세자 시절이 길었던 만큼 세종대왕의 업적 중 절반은 문종의 업적이라고 할 정도예요. 문종은 왕이 된 이후에도 건강이 좋지 않았습니다.

"전하! 어의를 부르겠사옵니다."

"아니다. 됐다. 나보다도 어린 세자가 걱정이구나. 저 아이 나이 겨우 12살 인데 어미도 세상을 떠났고, 나마저 떠나면 고아가 되지 않겠느냐. 콜록콜록!"

"전하, 어인 말씀이시옵니까. 치료를 잘 받으시면 쾌차하실 것이옵니다."

"내 몸은 내가 잘 안다. 시간이 없을 듯하니 지금 당장 김종서, 황보인 대감 을 부르라!"

문종은 자신의 운명을 알았나봐요. 그래서 김종서, 황보인 등 친밀했던 신하 들을 부릅니다.

"내가 오늘 경들을 부른 이유는 어린 세자 때문이다. 내가 죽으면 여기저기 서 어린 왕을 위협하는 자들이 나타날 것이야. 그러니 경들이 나 대신 세자를 잘 보필하길…."

"전하! 전하! 정신 차리시옵소서! 어서 어의를 불러라!"

결국 문종이 돌아가시고 어린 세자가 조선 제6대 임금 단종이 됩니다. 어린 왕이 등극하자 분위기는 문종의 걱정대로 흘러갔어요.

보통 왕이 어리면 왕의 어머니나 할머니(조선시대에는 대부분 왕보다 왕비가 오래 살았음)가 왕을 도와주기 마련인데, 단종은 어머니도 할머니도 이미 돌아 가신 상태라 주변에 아무도 없었어요. 당연히 궁궐 내 분위기가 어수선해집니 다. 바로 이 점을 돌아가신 문종도 걱정했던 거지요.

당시 단종을 중심으로 크게 두 세력이 있었어요. 한쪽은 김종서를 중심으로 문종의 유언을 받들었던 신하들이었어요. 그들은 당연히 어린 왕을 보호하겠 다고 나섰지요.

"전하! 소신들을 믿으시옵소서! 돌아가신 문종대왕께서 전하를 도와 나라를 이끌라며 소신들에게 직접 명을 내리셨습니다."

반면 또 한쪽의 무리는 한명회, 신숙주 등으로 그들은 문종의 동생 수양대군을 따르는 사람들이었어요. 수양대군은 자주 단종을 만나며 이렇게 이야기합니다.

"전하, 이 나라가 누구의 나라이옵니까? 바로 태조대왕으로부터 시작된 이씨의 나라이옵니다. 그런데 지금 김종서, 황보인 따위가 감히 왕실의 일을 참견하고 있사옵니다. 피는 물보다 진합니다. 전하께서는 아무 걱정 마시고 이 삼촌만 믿으세요."

어린 단종은 어른들이 너무 무서웠어요. 게다가 경복궁은 어린 왕 홀로 있기에 너무 큰 궁궐이었죠. 그래서 단종은 병을 핑계로 자신의 유일한 가족인 누나네 집으로 갑니다. 그러니 경복궁은 비어 있게 되었죠. 그사이 김종서와 수양대군 사이의 갈등은 점점 심해졌고, 결국 수양대군은 일을 저지르고 말아요. 단종이 궁궐을 비운 사이 그는 부하 몇 명을 이끌고 김종서 집을 찾아갑니다.

"김종서 영감! 나 수양이오. 내 잠깐 들렀소! 계시오?"

"아니, 이 야밤에 대군께서 어인 일로…."

"다름이 아니라 내 갓의 끈이 좀 끊어져 빌리러…."

바로 그때 수양대군 뒤에 있던 부하가 철로 만든 몽둥이로 김종서를 내려칩니다.

"수양대군, 어찌 이러…."

"미안하오. 김종서 영감. 그러니 내가 함부로 나서지 말라 그러지 않았소?"

정말 순식간에 벌어진 일이었어요. 수양대군은 김종서를 죽이고 바로 단종을 만납니다. 당시 단종은 누나인 경혜공주 집에 있었어요.

"전하, 수양이옵니다."

"수양 삼촌, 어쩐 일로 오셨습니까?"

황보인 등이 죽었을 것으로 추정되는 경복궁 근정문의 보조 문인 일화문. 문 너머로 근정전의 모습이 보인다.

"전하께서 궁궐을 비운 사이 김종서 등이 반란을 일으켜 제가 진압을 했사오니 전하께서는 걱정 마시옵소서."

그러는 사이 수양대군의 비서인 한명회는 김종서를 따르는 사람들의 이름을 적어 죽이라는 명을 내립니다. 동시에 수양대군은 단종에게 이야기하죠.

"전하, 지금도 김종서를 따르는 무리들이 많으니 어서 명을 내려 궁궐에 들어오게 하소서."

단종은 삼촌이 무서웠어요.

"이번 일은 삼촌께서 알아서 처리해 주세요."

"전하, 성은이 망극하옵니다."

김종서가 죽은 줄도 모른 채 황보인 등 신하들은 밤늦은 시간 경복궁으로 들어옵니다. 경복궁 근정문에는 수양대군의 부하들이 서서 기다리고 있었지요. 그들은 평소 김종서와 가깝게 지냈던 이들의 이름이 적힌 책을 가지고 있었어요. 그리고 책에 이름이 있으면 오른쪽 문으로 들어가게 하고 이름이 없으면 왼쪽으로 들어가게 했습니다.

"대감 이름이 어찌 되시는지요?"

"나를 모르느냐! 내가 황보인이다."

"대감은 오른쪽 문으로 드시옵소서."

영문도 모른 채 오른쪽 문으로 들어간 황보인은 어떻게 되었을까요? 예상대로 죽임을 당합니다. 그렇게 수양대군파는 하룻밤 사이에 김종서파 신하들을 모두 죽여버립니다. 이때가 1453년 계유년이어서 이 사건을 '계유정난'

이라 부릅니다.

경복궁 근정문은 바로 계유정난의 현장이라 추정되는 곳이에요. 이곳에서 어린 왕 단종은 임금으로 즉위를 했는데, 불과 1년 만에 삼촌이 자신을 지켜줄 신하들을 모두 살해하는 현장이 되어버린 거예요.

어린 왕의 피눈물 - 경복궁 경회루

——

계유정난의 성공으로 이제 수양대군의 세상이 되었어요. 오늘날로 비유하면 수양대군은 대통령 다음인 국무총리가 된 거예요. 사실상 실세였죠. 그리고 자신이 뽑은 사람들을 주요 관직에 임명해요. 어린 임금 단종은 숨도 쉴 수가 없었어요. 왠지 주변의 모든 사람들이 자신을 감시하고 있는 느낌이었죠.

"수양 삼촌, 여기 옥새를 가져가세요."

"전하! 설마 하니 삼촌이 조카의 옥새를 빼앗겠습니까!"

"삼촌! 다 드릴 테니 죽이지만 마세요. 저는 무섭습니다."

어린 단종은 매일같이 악몽을 꾸었을지 몰라요. 회의시간에도 수양대군의 눈치를 볼 수밖에 없었죠.

"이번 일은 이렇게 처리하도록 하라!"

"전하, 아뢰옵기 송구하오나 수양대군의 허락을 받지 못했사옵니다."

"아니, 내가 임금이다…."

"전하! 망극하옵니다…."

누가 봐도 임금은 수양대군이었어요. 결국 참을 수 없었던 단종은 자신의 비서실장 성삼문을 부릅니다.

단종이 수양대군에게 옥새를 넘긴 현장 경복궁 경회루

"도승지 성삼문은 옥새를 가져오라."

"전하, 옥새라니요! 가져올 수 없사옵니다! 차라리 소신을 죽여주시옵소서!"

"도승지, 난 수양 삼촌이 너무 무섭다. 저들은 분명 나를 죽일 것이다. 나는 궁궐도 싫고 왕도 싫다. 그냥 조용히 살고 싶다. 도승지는 어서 옥새를 가져오라."

성삼문은 할아버지 세종과 아버지 문종이 가장 아꼈던 신하였어요. 단종은 통곡하는 성삼문에게 말합니다.

"도승지는 지금 바로 수양 삼촌에게 입궐하라 알려라. 내 직접 삼촌에게 옥새를 줄 것이다."

단종은 옥새를 가지고 경복궁 경회루 2층에서 수양대군을 기다리고 있었습니다. 경회루 1층에는 수양대군과 한명회 등의 신하들이 엎드려 있었어요.

"수양 삼촌은 어서 2층으로 올라와 옥새를 받으세요."

"전하, 불가하옵니다! 삼촌이 어찌 조카의 옥새를 받을 수 있겠사옵니까! 어명을 거두어주시옵소서."

"아니에요 삼촌. 저는 한 나라를 이끌기엔 너무 어리고 약합니다. 수양 삼촌, 이 조카를 계속 서 있게 할 것입니까? 어서 일어나 옥새를 받으세요."

단종은 가지고 있던 옥새를 수양대군의 손에 직접 쥐어줍니다. 경회루에서 이렇게 조선의 역사가 또 한 번 바뀌었네요.

경회루를 바라보면 이런 생각이 들어요. 당시 14살이던 단종이 삼촌에게 양보하지 않고 조금 더 견뎌냈다면 우리의 역사는 또 어느 방향으로 흘렀을까요?

아해! 그렇구나!

경회루 철조망의 비밀

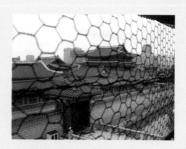

근정전이나 경회루처럼 큰 규모의 건물에는 어김없이 철망이 쳐져 있어요. 이를 보고 많은 사람들은 '설마 저게 조선시대에도 있었을까?'라고 생각해요. 그런데 진짜 있었어요. 이 철망을 '부시(그물 부罘, 가리개 시罳)'라고 부르는데, 이것을 설치한 이유는 다름 아닌 새 때문이었어요. 얼마나 많은 비둘기들이 지붕 안쪽으로 앉겠어요. 그럼 배설물이나 깃털이 계속 묻겠죠? 게다가 임금이 지나가는데 비둘기 똥이라도 떨어져봐요. 상상만 해도 큰일이죠? 그래서 경회루처럼 큰 건물에는 반드시 부시를 설치했다고 합니다.

경회루의 철조망

07

세조

조카의 옥새를 빼앗은 왕

아버지세종

형 문종　　7대 세조　　한명회

김종서 황보인　　　　　　　　　　　권람 정창손

조카 단종　　성삼문 등 사육신

사육신의 최후 – 경복궁 사정전

"전하! 신은 감히 옥새를 받을 수 없사옵니다. 차라리 신을 죽여주시옵소서!"

　"아닙니다. 수양 삼촌! 저는 이미 결심했어요. 삼촌께서 저 대신 나라를 이끌어주세요. 조카가 이렇게 부탁드리지 않습니까."

　"전하!"

　"뭐하느냐! 지금 당장 수양대군의 즉위식을 준비하지 않고!"

　이렇게 단종의 삼촌 수양대군은 조카의 옥새를 받아 조선 제7대 임금이 되었어요. 동시에 조카인 단종은 상왕이 됩니다. 상왕이란 임금이 나이가 들어 더이상 일을 할 수 없을 때 세자를 왕으로 만들고 은퇴한 왕을 말해요. 상왕이 된 조카는 삼촌에게 축하의 인사를 합니다.

"수양 삼촌, 아니 주상 전하! 곤룡포가 이제야 제 주인을 만난 듯합니다. 부디 백성을 위한 임금이 되세요. 이 조카의 유일한 바람입니다."

"상왕 전하! 망극하옵니다."

그 뒤로 세조는 조카인 상왕을 정말 지극히 잘 모셨다고 해요. 그러나 권람, 한명회 같은 세조의 신하들은 이런 임금의 모습을 매우 불편해했어요.

"주상 전하께서 너무 상왕 전하를 아끼지 않소? 지금이야 상왕이 어려서 모르겠지만 나중에 어른이 되면 자신을 쫓아낸 주상 전하(세조)를 가만히 두겠소? 아마 그때가 되면 우리 목도 남아나지 않을 거요. 누가 뭐래도 하늘의 해는 하나 아니요! 상왕(단종)을 가만두어서는 아니 되오!"

그런데 이들의 걱정이 현실이 됩니다. 당시 단종을 쫓아낸 세조에게 불만을 품은 이들이 움직이기 시작한 거예요. 특히 단종 옆에서 비서 역할을 했던 성삼문은 자신과 뜻을 같이한 동료들을 불러요.

"세상에 이렇게 억울한 일이 또 있단 말이오. 어찌 임금이 나이가 어리다고 저리 대놓고 쫓아낼 수 있단 말이요. 하늘의 해는 하나! 우리의 임금은 오직 한 분 아니오. 만약 전하를 다시 용상에 앉히지 못한다면 우리 역시 저들처럼 역사의 죄인이 되는 것이니 반드시 이번 일을 성공해 역사를 바로잡읍시다."

그들은 매일 밤 몰래 모여 세조 제거 작전을 모의하게 됩니다.

"대감, 이번에 궁궐에서 수양대군(세조)이 주최하는 잔치가 있다고 하오. 이건 하늘이 우리에게 준 기회요."

"그런 행사라면 경계가 삼엄할 텐데 방법이 있겠소?"

이때 성삼문의 아버지인 성승이 말합니다.

"내가 누구인가! 운검이 아닌가? 내 기회를 보다 수양이 술에 취하면 바로 칼을 빼들겠네."

운검은 지금의 대통령 경호원과 비슷합니다. 경호원이니 합법적으로 칼을 들고 세조 옆에 서 있을 수 있고, 그가 마음만 먹으면 얼마든 가능하다는 거죠. 드디어 잔칫날이 이틀 앞으로 다가왔습니다. 그때 세조의 가장 가까운 신하인 한명회가 이상한 낌새를 눈치챕니다.

'음…. 아무래도 이상해. 가만히 있을 저들이 아닌데….'

촉이 발동한 한명회는 잔치가 있기 전날 조용히 세조에게 제안을 합니다.

"전하! 내일 잔치 때 운검을 빼시옵소서! 날씨도 덥고 실내가 너무 좁사옵니다."

"상황이 그렇다면 그리하라."

당연히 이 소식은 성삼문 등에게도 전해졌겠죠?

"이제 어쩌면 좋겠소? 계획을 변경하는 게 좋지 않겠소?"

"아니 될 말씀이오. 이번을 놓치면 언제 기회가 올지 모르오!"

그들은 계획을 강행하려 했습니다. 그러나 문제는 내부에서 발생합니다. 이런 분위기가 되면 꼭 배신자들이 나오기 마련이죠? 뜻을 같이했던 정창손은 실패를 예측하고 이들을 배신합니다. 바로 세조에게 달려간 그는 고백을 합니다.

"전하! 소신을 죽여주시옵소서!"

"뭐라? 도대체 주동자가 누구더냐?"

"삼문이옵니다. 성삼문이 모든 것을…."

"아니 성삼문이 이 일을 주도했단 말이냐! 내 그리 아꼈건만 감히 나를 배신해?"

"당장 그들을 끌고 와라! 내 직접 그들을 문책할 것이야! 뭣들 하느냐, 지금 당장!"

그날 밤 세조는 경복궁 사정전 앞마당으로 나갑니다. 화가 머리끝까지 났죠. 성삼문, 성승 등은 모두 자신이 평상시에 아꼈던 신하들이었기 때문입니다. 그런 그들이 자신을 죽이려 했으니 세조는 배신감에 분노가 폭발한 겁니다. 그들이 잡혀 오자 세조는 격앙된 목소리로 이야기합니다.

"네 이놈! 삼문아! 너는 나를 안 지가 가장 오래 되었고, 나도 또한 너를 대접함이 극히 후하였다. 그런 네가 어찌 이런 배신을 행할 수 있단 말이냐!"

"나으리, 정신 차리시오. 내 목숨을 바쳐 충성해야 할 임금은 오직 한 분뿐이외다. 그분을 원래의 자리에 앉히려는 것이 배신이오? 나으리가 지금 앉아계신 그 자리의 주인을 나으리도 잘 아시지 않소? 누가 누구 앞에서 배신이란 단어를 쓴단 말이오!"

"네 이놈! 그럼 내가 왕위를 물려받을 때 공신의 책봉을 받은 네놈은 무엇이냐!"

"하하하! 나으리! 내가 공신의 책봉을 받은 것은 훗날을 기약함이고, 나으리가 준 곡식은 단 한 톨도 먹지 않고 창고에 그대로 있으니 의심스러우면 직접 확인해 보시오!"

믿었던 신하들에 대한 배신감과 조카의 임금 자리를 빼앗았다는 죄책감으로 세조는 이미 이성을 잃은 듯 고래고래 소리를 질렀습니다.

"뭣들 하는 게냐! 당장 저 시뻘건 인두로 저들의 살점을 태워버려라!"

그러나 살이 타는 고통 속에서도 성삼문은 오히려 미소를 지었다고 합니다.

"하하하! 이보시오 수양대군 나으리! 인두가 벌써 식었소이다. 이래서야 나으리의 분이 풀리겠소? 더 달구어 오게 하시는 것이 어떻소? 하하하!"

도저히 참을 수 없었던 세조는 다음날 성삼문을 포함해 박팽년, 이개, 하위지, 유응부 등의 팔다리를 찢고 머리를 잘라버리라는 명령을 내립니다. 이날 죽은 신하들을 사육신이라고 합니다. 지금 서울 노량진 인근에는 사육신 묘가 있습니다.

사육신 묘

이 사건이 터지자 쾌재를 부른 이들이 있었어요. 바로 세조를 왕으로 만든 일등공신들이었죠. 그들은 속으로 이런 생각을 했을 거예요.

'아니, 하늘이 주신 기회인가? 이 사건을 핑계로 상왕(단종)을 보내버릴 수 있겠는 걸…'

그들은 다음 날부터 모의를 합니다.

"전하! 이번 역모의 주동자는 결국 상왕 전하시옵니다. 만약 상왕을 그냥 두신다면 역모는 계속 일어날 것이니 이번 기회를 본보기로 적의 뿌리를 뽑아버리소서, 전하!"

하지만 세조는 이를 거부하죠. 아무리 그래도 조카를 죽일 수는 없으니 말이에요.

"경들은 말을 삼가라! 이 사건과 상왕 전하(단종)는 전혀 관계가 없다!"

세조는 이렇게 부인했지만 그 역시도 두려웠을 거예요. 한명회를 비롯한 신하들의 이야기가 전혀 틀린 말이 아니거든요. 이번에 죽은 성삼문 등의 복수를 한다며 또 다른 역모 사건이 일어날 수도 있으니까요. 결국 그는 못 이기는 척 단종을 강원도 영월에 유배 보냅니다. 유배길을 떠나는 단종은 마치 자신의 운명을 예감이라도 한 듯 흐느끼며 울었어요.

'아바마마! 저는 죄인입니다. 저 하나 때문에 너무나 많은 사람들이 죽었어요. 소자는 어떻게 해야 합니까? 저는 삼촌이 무섭습니다…'

물론 여기서 만족할 한명회가 아니었습니다. 그는 계속해서 세조를 압박합니다.

"전하! 이번에 영월로 보내진 죄인 노산군(단종이 세자가 되기 전에 불렸던 이름)이 또다시 역모를…"

"전하! 노산군이 살아 있는 한 역모는 끊이지 않을 것이옵니다."

"전하! 노산군을 죽이시옵소서! 그것이 종묘 사직을 살리는 길이옵니다!"

"불가하다. 내 어찌 조카를 죽이라는 명을 내릴 수 있단 말인가! 불가하다!"

세조가 사육신을 친국(임금이 직접 죄를 따져 묻는 일)했던 경복궁 사정전 앞뜰

그러던 어느 날 세조실록에는 이런 기록이 적힙니다.

"영월에 있는 노산군(단종)이 목을 매 자결(자살)을 하였다."

물론 이 기록을 믿는 사람들은 없습니다. 전해지는 소문에 의하면 밤에 몰래 궁궐에서 나온 사람이 단종의 목을 졸라 죽였다고 합니다.

세조가 사육신을 고문했던 곳은 경복궁의 사정전입니다. 사정전은 임금의 편전, 즉 사무실이죠. 바로 이곳 앞마당에 성삼문 등의 사육신이 있었고 그들의 앞쪽으로는 분노한 세조가 고래고래 소리를 질렀겠죠. 궁궐은 이런 역사의 현장입니다. 만약 그날 밤 성삼문 등 사육신이 계획대로 세조를 죽였다면 역사는 어떻게 흘렀을까요? 아마 이곳 사정전 앞마당에 앉아 있을 주인공이 바뀌지 않았을까요?

"네 이놈, 한명회! 네놈은 어리석은 수양대군을 꼬셔서 감히 반란을 일으키려 했다. 어찌 사사로운 감정으로 역사를 돌리려 했느냐! 저놈의 목을 쳐라!"

궁궐 안 작은 불당 - 경복궁 함원전

"삼촌! 저를 왜 죽이셨나요! 삼촌!"

"조카, 미안하네! 제발 나를 살려줘. 살려줘…."

세조는 조카를 죽인 이후 밤마다 악몽에 시달렸어요. 당연하겠죠. 누가 봐도 자신의 욕심을 채우고자 조카를 죽인 것이니 개인적으로는 고통의 연속이었을 거예요. 그나마 낮에는 그럭저럭 버텼지만 신하들이 모두 퇴궐한 후에는 그 두려움이 더했을 것 같아요. 그래서인지 모르겠으나 세조는 부처님께 매일같이 용서를 빌어요. 원래 조선 이전의 고려는 국가적인 차원에서 불교에 지원을 아끼지 않았어요. 그러나 불교 때문에 부정부패가 심해지면서 결국 망하고 조선이 건국되었죠. 그러다 보니 조선을 만든 왕실은 불교를 멀리해야 했습니다. 그 대신 유교를 국가의 통치 철학으로 삼았어요. 유교는 공자, 맹자의 가르침을 공부하며 그들의 생각을 실천하는 학문이에요. 예를 들어 자식은 부모를 모시고, 신하는 왕을 위해 충성해야 했죠. 그런데 문제는 세조가 유교에서 가장 하지 말아야 할 행동, 즉 신하는 임금에게 충성을 해야 한다는 덕목을 어겼다는 점이에요. 심지어 자신이 왕을 죽이고 왕이 되었으니 말이죠.

그러다 보니 마음이 불안했던 세조는 유교보다 불교를 더 믿기 시작했어요. 매일 밤 부처님께 용서를 구하는 기도를 했어요. 심지어 경복궁 내전 건물에 부처상을 들이고 기도회를 열기도 했으니까요. 유교 국가인 조선왕조, 그것도 법궁인 경복궁 한복판에 불상이라니, 신하들은 반대를 많이 했겠죠. 그러나 세조는 결코 물러나지 않았어요. 아마도 자신이 용서받을 수 있는 것은 부처님을 향한 기도라고 생각했을지도 몰라요.

세조가 불당으로 사용했던 곳이 바로 함원전이에요. 함원전은 임금의 침전

불당으로 사용되었던 경복궁 함원전

인 강녕전과 왕비의 침전인 교태전 바로 근처에 있는 건물이에요. 아마 세조는 힘들 때마다 이곳 함원전에 들러 기도를 했을 거예요. 조용히 함원전을 바라보고 있으면 천하의 세조도 나약한 인간이 아니었을까 하는 생각이 들어요. 이곳에서 그는 조카를 죽인 죄책감에 눈물을 흘렸을까요? 아니면 부처님께 자신의 행동에 대해 변명을 했을까요?

세조의 어진

만백성의 소리를 듣는 곳 - 경복궁 광화문

조카를 죽인 세조는 죄책감 때문이었는지 어느 왕보다 열심히 일했어요. 요즘의 주민등록증과 같은 호패를 만들어 질서를 잡았고, 조선시대 헌법인 경국대전 역시 세조의 노력으로 만들어져요. 특히 그는 아버지 세종대왕처럼 백성들의 소리를 들으려 많은 노력을 한 임금이었어요. 어느 날 그는 신하들에게 말합니다.

"내 듣기로 요즘 억울한 일을 당하는 백성들이 많다고 한다. 그들은 그 억울함을 누구에게 호소하겠는가! 그렇다고 임금인 내가 직접 나설 수 없는 일이니, 도승지(비서)는 광화문에 나가 사연을 듣고 그들의 억울함을 해결하는 방법을 만들어보도록 하라."

"전하! 참으로 현명하신 생각이옵니다. 이렇게 임금이 직접 백성들의 소리를 듣는다는 사실이 알려지면 관리들은 더 열심히 일을 할 것이옵니다."

어명을 받은 신하들은 다음 날 한양 곳곳에 방을 붙이게 되는데, 그 방의 내용은 다음과 같았어요.

"도성 안팎의 양반에서 천민에 이르기까지 누구든 지금 시행하고 있는 정책에 대해 의견이 있거나 개인적으로 억울한 일을 당해 하소연을 원하는 자 중스스로 아뢸 수 없는 상황이라면 날마다 오전 8시경 이곳 광화문 광장에 나와제비를 뽑아 묻기를 기다려라."

이 소식은 금세 퍼졌고 많은 이들이 다양한 의견과 억울함을 아룁니다.

"어디 사는 누구인가?"

"예 나으리! 소인은 도성 밖에 사는 개똥이라 하옵니다."

"그래, 하고 싶은 말이 무엇이더냐?"

"소인, 배운 것이 짧아 많이 알진 못하오나 한 가지 이해가 안 되는 것이 있기에 이렇게 왔사옵니다. 지금은 한창 농사일에 눈코 뜰 새 없이 바쁜데, 관아에서는 도성 공사가 늦어진다며 계속 부역(국가에서 공공사업을 위해 국민에게 의무적으로 하게 하는 노역)을 강요하고 있사옵니다. 공사가 늦어진 것도 따지고 보면 지난 달 홍수 때문인데…. 이 일로 다들 너무나 힘들어하고 있사옵니다. 나으리!"

"알았네. 바로 보고를 해 시정 조치를 하도록 할 터이니 너무 걱정 말고 생업에 종사하도록 하게."

"감사하옵니다. 감사하옵니다! 나으리!"

"다음, 어디 사는 누구인가?"

세조가 백성들의 소리를 들었던 경복궁의 정문 광화문

"저는 경기도 방배리에 사는 오가 지훈입니다."

"행색을 보니 아랫것은 아닌 듯싶은데? 하고 싶은 말이 무엇인가?"

"지난 고려 왕조가 그 기운이 쇠하고 불교로 인한 폐단에 백성들이 도탄에 빠지게 되고 이에 태조대왕께서 새 나라 조선을 건국하시고 국교를 유교로 정한 것으로 알고 있사온데, 지금 왕실 이하 조정의 신하들도 모두 불교에 의지하니 이 나라의 앞날이 고려왕조의 전철을 밟지 않을까 우려되옵니다."

"알겠네. 자네의 의견 역시 잘 정리해 보고하도록 하겠네."

이렇게 500여 년 전 광화문 앞은 미천한 농민의 하소연부터 양반들의 쓴소

콘크리트로 만든 가짜 광화문

지금의 광화문은 벌써 네 번째 광화문입니다. 광화문은 1395년 태조 때 처음 만들어진 후 임진왜란 때 불탔어요. 그 뒤 방치되었다가 1867년 고종 때 다시 만들어지죠. 그러나 일제강점기에 광화문은 강제로 경복궁 동쪽으로 옮겨집니다. 그 뒤 한국전쟁 때 폭격을 맞아 불타버려요. 그러던 것을 1968년 지금의 자리에 다시 짓는데, 당시에는 나무 부분을 콘크리트로 만들고 페인트를 칠해서 만들었어요. 누가 봐도 반쪽짜리 완성이었죠. 심지어 문도 나무가 아닌 철판이었어요. 그러던 것을 2010년 다시 제대로 만들어 지금의 광화문이 되었어요.

한국전쟁 당시 불탄 광화문

콘크리트 광화문 잔재

리까지 백성들의 소리가 모이는 곳이었습니다. 그리고 이 역사는 지금도 이어지고 있지요. 대한민국 국민들은 이곳 광화문 앞 광장에서 때로는 촛불을, 때로는 태극기를 들며 자신들의 목소리를 내고 있어요.

08 ——

예종

즉위 1년 만에 생을 마감한 임금

아버지 세조   어머니 정희왕후

형 의경세자   8대 예종

월산군   자산군   원자(제안대군)
(큰조카) (작은조카)

예종의 말년 – 경복궁 자미당

임금으로서 세조는 정말 열심히 일했습니다. 그래서였는지 모르겠지만 그는 건강이 좋지 않았어요. 특히 피부병인 종기는 그를 너무 괴롭게 했죠. 전해 오는 이야기로는 어느 날 꿈속에 조카(단종)의 어머니가 나타났다고 합니다. 그녀는 단종을 낳자마자 돌아가셨죠.

"주상! 어찌 내 아들을 죽였소? 그 어린아이가 무슨 죄가 있다고…."

"형수! 형수! 내 사과하리다. 잘못했소…."

"아니! 당신은 평생 고통받으면서 살아야 해! 퉤!"

꿈속에서 그녀는 세조의 얼굴에 침을 뱉었고 그 뒤로 세조는 종기 때문에 고통받으면서 살았다고 해요. 자신이 더 이상 살 수 없을 것이라 판단한 세조는 신하들을 불러 모읍니다.

"나도 때가 된 모양이다. 이제 버틸 힘이 없으니 세자에게 옥새를 주려 한다."

"전하! 불가하옵니다. 전하 주변에는 소신들이 있지 않사옵니까! 마음을 강건하게 하시고 치료에 전념하소서."

"이제 그만하라! 지금 경들이 내 뜻을 어기려 하느냐? 이는 나의 죽음을 재촉하는 길이니 지금 당장 세자의 즉위식을 준비하라."

"전하!"

자신이 죽으면 자연스럽게 세자가 왕이 되지만 세조는 많이 불안했던가 봅니다. 생각해 보면 스스로가 어린 왕의 옥새를 빼앗아 왕이 되었으니 말이죠. 세조는 자신이 살아 있을 때 자식이 왕이 되어야 주변에서 딴 생각을 하지 않을 거라고 생각했을 거예요. 그렇게 해서 세조의 둘째 아들이 옥새를 받으니 그가 조선 제8대 임금 예종입니다. 참고로 첫째 아들(의경세자)은 젊은 나이에 일찍 병으로 죽었습니다.

그러나 비극은 이미 시작되었어요. 새로운 임금은 새로운 시대를 의미합니다. 그런데 예종 앞에 앉아 있는 신하들은 모두 아버지 세조의 신하들이었어요. 세조는 죽기 전까지 자신이 왕이 되는데 결정적인 역할을 했던 한명회, 신숙주 등에게 모든 것을 맡겼어요. 원래 세조처럼 비정상적으로 옥새를 받은 왕들은 의심이 많아요. '혹시 나를 배신하지 않을까?' 하는 마음에 늘 노심초사하죠. 그래서 자신이 믿을 수 있는 사람들에게만 권력을 주었습니다. 바로 그들이 새로운 젊은 왕 예종 앞에 그대로 있었던 거예요. 그러다 보니 예종은 그들의 눈치를 볼 수밖에 없었겠죠. 아무리 자신이 왕이라도 아버지의 신하들을 함부로 할 수는 없었어요.

"전하! 이번 일은 이렇게 처리하시옵소서!"

"알았소. 경의 뜻대로 하시오."

더군다나 예종은 어려서부터 건강이 좋지 않았어요. 그 역시도 아버지인 세조처럼 종기로 고생을 많이 합니다. 그러다 보니 공식 회의 때 빠지는 경우가 잦았어요.

"전하! 환후는 어떠신지요?"

"미안하오. 내 어려서부터 발에 조그만 종기가 있는데 날씨가 추워지면 고통이 심해져 움직이기조차 힘드오."

"전하, 나랏일은 잠시 접으시고 오직 치료에 전념하소서."

하지만 예종의 종기는 쉽게 낫지 않았습니다. 오히려 시간이 지날수록 온몸으로 퍼져나갔고, 결국 그는 경복궁 자미당에서 죽음을 맞이합니다. 왕이 된 지 일 년이 좀 지났을 때였어요.

그의 갑작스러운 죽음에 당시 백성들 사이에는 소문이 돌았습니다.

"전하께서 승하하셨다는 소문 들었소?"

"아이고, 젊은 나이에…. 쯧쯧!"

"사실 이게 다 노산군(단종)의 저주여! 저주!"

"그건 또 무슨 소린가?"

"보시게. 지금 주상의 아버지 세조가 누구를 죽이고 왕이 되었는가? 조카 아닌가 조카! 그러니 그 벌을 받은 거지."

실제로 조선시대 왕은 가장 극한 직업이었다고 합니다. 왕조 국가에서 일어나는 안 좋은 일은 모두 임금이 착하지 못해서 일어난다고 믿었어요. 비가 많이 와도, 가뭄이 들어도, 전염병이 돌아도 그 원인은 전부 임금 때문이었던 거죠. 그러니 스트레스를 얼마나 많이 받았겠어요.

"전하! 이번에 충청도 지역에 가뭄이 들어 죽은 백성의 수가 수백에 달한다고 하옵니다."

"백성의 고통은 곧 나의 고통이다. 충청 관찰사(도지사)에게 명하여 곡식을 풀어 그들을 구하도록 하라."

이렇게 임금으로서 명을 내리지만 신하들이 물러난 뒤 홀로 대전에 앉아서

잔디밭으로 변한 경복궁 자미당 터

궁궐 속 잔디밭의 비밀

현재 자미당이 있던 곳으로 추정되는 곳은 잔디밭입니다. 이곳 말고도 궁궐 곳곳에는 넓은 잔디밭이 있어요. 하지만 조선시대 사람들은 잔디를 집 안에 사용하는 경우가 드물었죠. 잔디는 주로 무덤에 사용하는 식물이었거든요. 그러나 일제강점기에 일본인들은 대부분의 궁궐 건물을 없애버리고 그 터를 잔디밭으로 만들었어요. 궁궐을 돌아다니다 잔디밭이 나온다면 그곳은 옛날에 건물이 있었던 곳이구나 하고 생각하면 됩니다.

임금은 생각합니다.

"이번 가뭄은 내 부덕함에 하늘이 노해서 그런 것이야… 이를 어쩌면 좋단 말인가!"

임금은 이런 걱정에 밤을 지샙니다. 임금이 되어 이런 생활을 평생 동안 해야 한다고 생각해 보세요. 그래서인지 조선의 왕들은 우리가 생각한 것보다 평균 수명이 훨씬 짧아요. 예종도 마찬가지였죠. 만약 예종의 아버지 세조가 조카인 단종의 임금 자리를 빼앗지 않았다면 예종은 왕이 되지 않았을 거예요. 그럼 그는 평범한 왕족으로 마음 편한 생활을 하지 않았을까요? 통치 기간이 너무 짧아 존재감조차 없는 예종의 죽음에 안타까운 마음이 듭니다.

역사를 바꾼 대비의 선택 – 경복궁 강녕전

예종의 갑작스러운 죽음에 가장 충격을 받고 당황한 사람은 다름 아닌 예종의 어머니이며 세조의 부인인 정희왕후였습니다.

"마마! 주상 전하께서 방금 전 자미당에서…."

"뭐라 주상께서? 하늘이 어찌 이리 무심하단 말이오. 세조대왕께서 돌아가신 게 언제라고 이런 시련을 주신단 말인가! 흑흑."

남편이 왕이 된 지 얼마 되지 않아 큰아들이 죽었고, 얼마 전에는 자신의 눈앞에서 남편이 죽고, 이번에는 작은아들마저 세상을 뜨니 정희왕후의 상심이 얼마나 컸을까요. 그러나 그녀는 슬퍼할 겨를이 없었어요. 왜냐하면 세자가 정해지지 않은 상태에서 임금이 죽으면 임금의 어머니인 대비가 다음 왕을 정해야 하거든요. 사실 예종에게는 아들이 있긴 한데 너무 어린아이였어요. 그런데 예종의 옥새를 받을 후계자를 정해야 할 시간이 왔어요. 혹시라도 결정이 늦어

경복궁 내 왕의 침전인 강녕전

지면 딴 마음을 먹은 사람들이 궁궐에 침입해 옥새를 빼앗을 수도 있거든요.

"하늘이 무너지는 슬픔이지만 지금 내가 아니면 누가 결정을 하겠는가! 내 지금 강녕전으로 갈 것이니 지금 당장 모든 대신들을 들라 하라!"

"예, 마마! 그럼 강녕전 가운데 방을 준비하겠사옵니다."

"아니다. 얼마 전까지 주상께서 지내던 방을 내 어찌 사용하겠는가. 나는 편방(작은 방)으로 갈 것이다."

이곳은 경복궁 내 임금의 침전인 강녕전입니다. 일반적으로 궁궐 내 건물은 가운데 큰 마루가 있고요. 양쪽으로 방이 있는데 방은 우물 정자 형식이에요. 가운데에 임금이 주무시고 주변에는 상궁이나 내시들이 24시간 방을 지켜요. 당시 정희왕후는 가운데 임금의 방이 아닌 옆의 작은 방으로 들어갔고, 얼마 후 신하들이 도착합니다.

"마마! 얼마나 슬픔이 크시옵니까?"

"여자로 태어나 남편과 두 아들을 먼저 보냈으니 어찌 하늘이 내게 이런 시

정희왕후가 역사를 바꾼 결정을 한 경복궁 강녕전 동북쪽 편방(사진 왼쪽)

련을 줄 수 있단 말인가!"

"마마의 슬픔을 어찌 소신들이 헤아릴 수 있겠사옵니까만 그래도 나라에 임금이 없을 수 없으니 부디 옥새의 주인을 정해 주시옵소서."

"경들 말대로 나라에 임금이 없을 수 없으니, 나는 주상의 뒤를 이어 자산군을 후계자로 정하려 하오."

"마마, 송구하오나 다시 한 번 말씀해 주시옵소서…?"

사실 정희왕후는 예종이 워낙 몸이 좋지 않아 만약의 사태에 대비해 여러 방법을 생각해 두었습니다. 당시 정희왕후가 생각한 후보는 총 세 명이었어요.

1순위는 당연히 예종의 아들인 원자였어요. 임금의 큰아들을 태어나서는 원자라고 불러요. 그리고 어느 정도 성장을 하면 다음 왕위를 잇는 세자 책봉을 합니다. 여기서 책봉식은 임금이 세자에게 책을 선물하는 의식이에요. 책봉식을 마치면 정식으로 다음 왕위를 이어받을 수 있는 세자가 되는 거죠. 그런데 당시 예종의 아들은 너무 어려서 세자 책봉을 받지 못한 상태였습니다. 그래도 돌아가신 임금의 아들이니 당연히 1순위였어요. 2순위는 이미 죽은 큰아들이며 예종의 형인 의경세자의 큰아들인 월산군이었어요. 마지막으로 3순위는 의경세자의 둘째 아들인 자산군이었죠. 그러나 정희왕후의 결론은 의외였어요.

"나는 이 옥새를 자산군에게 줄 것이오!"

"마마! 원자 마마께서 계시온데 왜 자산군 마마에게…?"

대신들은 웅성거리기 시작했어요. 자산군은 전혀 예상밖의 인물이었거든요. 그러자 정희왕후는 말했어요.

"물론 돌아가신 주상의 아들인 원자에게 옥새가 돌아가는 것이 맞소. 그러나 원자의 나이 고작 4살이에요. 경들도 알다시피 노산군(단종) 역시도 어린 나

이에 왕이 되면서 비극이 시작되었지 않소? 그 어렸다는 단종의 나이가 12살이었는데 고작 4살짜리가 왕이 되면 어떻겠소? 그래서 아니 되오."

"마마! 그럼 돌아가신 의경세자의 장남인 월산군이 계시지 않사옵니까?"

"맞소. 월산군은 나에게는 장손이 되니 마땅히 맞는 말이나 월산군은 너무 약합니다. 오늘 돌아가신 주상 역시도 어려서부터 병치레가 많았어요. 그래서 월산군은 아니 되오. 내가 자산군을 정한 이유는 남편인 세조대왕께서 인정할 정도로 총명하고 별다른 병치레 없이 매우 건강하며 게다가 13살이면 어느 정도 임금의 역할을 할 수 있는 나이가 아니오. 그래서 나의 결정은 자산군이오."

"참으로 현명하신 판단이옵니다."

그런데 여기서 정희왕후는 또 한 가지 의외의 결정을 하게 됩니다.

"도승지는 지금 바로 즉위식 준비를 하고 가마를 자산군 집으로 보내도록 하시오."

"마마, 말씀드리기 송구하나 즉위식이라 함은 주상 전하께서 돌아가신 날로부터 4~5일 후에 하는 것이 관례이온데, 어찌 오늘 그것도 지금 당장 하시려 하시옵니까?"

"맞소. 그러나 지금은 위급한 상황 아닙니까! 노산군(단종)의 경우를 생각해 보세요. 왕실은 조금만 틈을 보이면 반대 세력에 의해 갈라지기 마련이에요.

경복궁의 소박한 대전, 강녕전

경복궁 강녕전처럼 임금의 침전을 대전이라 불러요. '대전大殿'은 한자로 '큰 집'이란 뜻인데 실제 강녕전에 가보면 "뭐가 이리 작지? 정말 저 좁은 곳에서 임금님이 생활을 했다고?" 하며 의아해하죠. 맞아요. 앞서 언급했지만 대전은 가운데 큰 마루가 있고 양쪽으로 우물 정(井)자 구조의 방들이 있어요. 이 중 가운데 작은 방에서 임금이 식사도 하고 잠을 자기도 해요. 그리고 가운데 방을 중심으로 동서남북에는 상궁이나 궁

경복궁 강녕전 구조

녀, 내시들이 24시간 임금을 지켜요. 우리 궁궐이 이렇게 작은 이유는 지을 돈이 없고 땅이 없어서가 아니에요. 궁궐 건물의 기와 하나도 모두 백성의 세금이기 때문에 조선의 왕들은 결코 화려하게 건물을 짓지 않았어요.

내 이런 말까지 하지 않으려 했지만 지금 궐 안팎에는 아직도 노산군(단종)과 사육신(남편인 세조에 의해 죽은 이들)을 사모하는 이들이 있소. 그래서 비록 관례에 맞지 않지만 나는 오늘 즉위식을 거행하기를 원하오. 그러니 경들도 모두 나의 뜻을 이해하고 따라주기 바라오."

"예, 대비마마!"

성종의 즉위식이 예종이 돌아가신 당일에 열린 이유가 바로 이 때문입니다. 바로 이런 대화가 오갔던 곳이 경복궁 강녕전이에요. 이날 대비의 결정으로 성종이 즉위하고 조선의 역사는 전혀 다른 곳으로 흐르기 시작합니다.

09

성종

나라의 체제를 완비하다

할아버지 세조　　　할머니 정희왕후

아버지 의경세자　어머니　　　　작은아버지　작은어머니
덕종(명예 임금)　소혜왕후　　　예종　　　장순왕후
　　　　　　　(인수대비)

사림파　　　9대 성종　　첫째왕비　둘째왕비　셋째왕비　제안대군
　　　　　　　　　　(공혜왕후)　(폐비윤씨)　(정현왕후)

　　　　　　　　　　세자(연산군)

할머니의 사무실 – 창덕궁 보경당

할머니의 결정 덕분이라고 해야 할까요? 자산군은 조선 제9대 임금인 성종이
됩니다. 당시 그의 나이는 13살, 지금으로 치면 초등학교 6학년이었어요. 일반
적으로 왕이 성인이 되지 않으면 임금의 어머니나 할머니가 대신 정치를 합니
다. 이를 '수렴청정'이라고 부르죠. '수렴'은 대나무로 만든 일종의 블라인드예

요. '청정'은 이야기를 듣고 정치를 한다는 뜻입니다. 그러니까 왕실 어른이 대나무 블라인드 뒤에서 임금 대신 정치를 하는 행위를 뜻해요.

"주상! 벌써 이렇게 컸구려! 안타깝게도 주상의 아비도, 삼촌인 예종대왕께서도 일찍 세상을 떴어요. 주상은 부디 건강하셔야 합니다. 그리고 주상이 성인이 될 때까지 이 할미가 바람막이가 되어드릴 터이니 아무 걱정 마시고 주상은 백성을 사랑하는 훌륭한 임금이 되세요."

"예, 할마마마!"

당시 정희왕후는 창덕궁에서 머물렀어요. 그녀는 자신이 임금을 위해 무엇을 할 수 있을지 생각하다 두 가지는 꼭 해야겠다고 다짐합니다. 다음 날 그녀는 창덕궁의 편전(임금의 사무실)인 보경당으로 나아가 신하들에게 이런 이야기를 하죠.

"경들 덕분에 우리 주상이 별일 없이 옥새를 물려받았으니 감사할 따름이오."

"망극하옵니다. 대비마마!"

"내 오늘 중에 할 얘기가 있어 그대들을 불렀으니 들어보시오. 나는 주상의 아비이자 죽은 내 큰아들 의경세자를 명예 임금으로 만들 것이오. 지금이야 예종의 아들인 제안대군이 어려서 괜찮지만 장성하면 분명 나나 주상을 원망할지도 모르오. 자신이 왕의 아들이니 원래 옥새의 주인은 자기라고 생각할 수 있지 않겠소? 이런 상황 속에서 주상의 친아버지인 의경세자가 명예 임금이 된다면 이것은 지금 주상에게는 큰 힘이 될 것 같은데 경들의 생각은 어떻소?"

"지극히 현명한 결정이시옵니다. 지금 당장 시행하도록 하겠사옵니다!"

손자를 생각하는 할머니의 마음이 읽히는 부분이에요. 이미 죽은 큰아들을 명예 임금으로 만듦으로써 성종은 엄연한 임금의 아들로서 옥새를 물려받게 되는 거죠.

동시에 그녀는 손자가 훌륭한 임금이 되길 바라며 새로운 인재를 찾아요. 그녀는 작은아들인 예종이 남편인 세조의 나이 든 신하들 때문에 매우 힘들어 하는 모습을 봤거든요. 그래서 자신의 손자 곁에는 젊고 새로운 인재들이 있어야 된다고 생각했던 거예요. 역시 보경당에 나아가 신하들에게 이야기하죠.

"나는 우리 주상이 젊은 인재들과 함께 이 나라 조선을 이끌어나가길 바라오. 그러나 지금 궁궐 안에는 변변치 못한 자들이 월급만 축내고 있는 듯하니 경들은 젊은 인재 양성에 힘써주시기 바라오. 특히 산속에는 열심히 공부를 하는 학자들이 많다고 들었소. 부디 샅샅이 찾아 그들에게 기회를 주기 바라오."

바로 이들을 역사에서는 숲(림林) 속에서 열심히 공부하는 선비(사士)들, 즉 사림(士林)이라고 불렀어요. 대비인 정희왕후의 노력 덕에 성종은 훌륭하게 성장했고 조선 역사상 가장 평화로운 시대를 이끌어갔어요. '성종'의 성이 한자로 '이룰 성成'이니 당시가 얼마나 살기 좋은 시대였는지 알 수 있겠죠?

그럼 대비마마가 임금을 대신해 일을 했던 보경당은 어떤 곳일까요? 일반

창덕궁의 편전 선정전과 보조 편전 보경당   창덕궁 보경당 터

적으로 궁궐에는 마룻바닥으로 되어 있는 정식 편전이 있고 주변에는 온돌 마루가 깔린 보조 편전이 있어요. 경복궁의 편전인 사정전 주변에는 보조 편전인 만춘전과 천추전이 있고요. 창덕궁에는 편전인 선정전 주변에 보경당, 희정당 등의 보조 편전이 있습니다. 성종의 할머니는 바로 이 보경당에서 일을 보신 거죠. 그러나 안타깝게도 보경당은 지금 터만 남아 있는 상태예요.

창덕궁과 창경궁을 그린 그림, 동궐도

국보 제249호인 동궐도는 1830년경 궁궐 내 화가들이 동궐인 창덕궁과 창경궁을 묘사한 그림입니다. 책의 형태지만 펼치면 높이 2.73m, 폭 5.76m에 이르는 어마어마하게 큰 작품이 됩니다. 비단 위에 묘사된 궁궐의 모습을 보면 우물, 항아리, 나무, 과학기구까지 마치 조선시대 궁궐 안에 와 있는 듯한 착각이 들 정도로 아름답게 묘사되어 있습니다. 이곳 동궐도에는 정희왕후가 활동했던 보경당이 그려져 있습니다.

창덕궁, 창경궁을 묘사한 동궐도(고려대학교박물관)

보경당 터에 서 있으면 당시 손자를 대신해 열심히 노력했던 할머니 정희왕후의 모습이 그려집니다. 정희왕후는 7년간 성종을 돕다가 1476년 자리에서 물러납니다.

성종의 효심으로 만든 궁궐 – 창경궁 홍화문

"주상! 이렇게 훌륭하게 성장을 했군요. 이 할미는 오늘 죽어도 여한이 없어요. 장하십니다."

"아닙니다. 할마마마가 안 계셨다면 오늘날 제가 있었겠사옵니까. 지난 7년간 저를 대신해 많은 것을 만들어주신 덕분에 너무 편하게 나라를 이끌게 되었습니다."

"그래요, 저도 고맙습니다. 이제 내 할 일은 끝났으니 나는 조용히 말년을 보내고 싶어요. 만약 내가 여기저기 나타나면 신하들이 많은 부담을 느낄 게 뻔할 것이니 말이오."

"소자가 방도를 마련해 보겠사옵니다."

이윽고 회의장에 나타난 성종은 신하들에게 제안을 합니다.

"방금 할마마마를 뵙고 오는 길이오. 할마마마께서는 조용히 말년을 보내고 싶다고 하시었소. 지금 궐 안에는 할마마마 말고도 작은어머니와 어머니까지 세 분의 어른이 계시니 이번 기회에 이분들을 위한 공간을 만드는 게 어떠하겠는가?"

"맞사옵니다. 지금 창덕궁은 세 분의 어른이 계시기에는 좀 부족한 듯하옵니다. 뿐만 아니라 후궁 마마의 공간도 부족하오니 이번 기회에 새로운 궁궐을

성종이 세 분의 대비를 맞이했던 창경궁의 정문 홍화문

만드시옵소서!"

　아마도 당시에는 창덕궁이 좀 작았나봐요. 게다가 왕실 사람들을 보좌하는 상궁 나인들의 숫자까지 합치면 더 좁게 느껴졌을 거예요. 그래서 성종은 궁궐을 지으라는 명을 내리죠. 바로 창경궁입니다.

　"이번에 창덕궁 옆에 만들어지는 창경궁은 할마마마를 포함해 왕실 가족을 위한 공간이니 공적 공간은 최소화하길 바란다."

　성종의 말처럼 창경궁은 임금이 정치를 하는 궁궐이 아니라 왕실 가족의 생활 공간으로 만들어져요. 심지어 창덕궁과 같은 담 안에 있어서 넓게 보면 창덕궁의 일부 같은 느낌마저 듭니다. 이로써 1395년 경복궁, 1405년 창덕궁, 그리고 1484년 창경궁까지 조선왕조가 시작된 지 100여 년 만에 한양의 궁궐은 세 곳이 되었습니다.

창경궁이 완성되던 날 성종은 직접 정문인 홍화문 앞으로 나와 어머니와 작은어머니를 맞이합니다. 안타깝지만 창경궁이 완성되기 일 년 전에 할머니 정희왕후는 세상을 떠났습니다.

"주상! 우리 같은 늙은이들을 위해 궁궐까지 만들다니요. 정말 고맙구려."

"어인 말씀이시옵니까. 당연하옵니다. 어른들께서 편해야 왕실이 편하고 왕실이 편해야 나라가 편해지고 나라가 편해야 백성들이 편한 것이니 부디 이곳에서 오래오래 사시옵소서!"

신하들의 반대가 많았던 세자 책봉식 – 경복궁 사정전

성종 때는 정말 평화로운 시대였어요. 그러나 성종 개인적으로는 그러지 못했습니다. 성종의 첫 번째 왕비는 일찍 돌아가시고, 두 번째 왕비 윤씨를 맞이해요. 곧 윤씨는 아들을 낳게 됩니다. 그러나 이때부터 비극이 시작됩니다. 왕비 윤씨가 질투심이 너무 많았던 거예요.

"지금 전하께서 어디 계시느냐? 혹시 후궁 처소에 가지는 않았느냐? 불안해서 살 수가 없구나! 전하가 나를 버리면 어떡하지?"

혹시나 궁녀들 중 성종 앞에서 웃음이라도 보이다 걸리면 그날 밤은 난리가 납니다.

"네 이년! 네년이 감히 주상 전하 앞에서 눈웃음을 쳐? 저년을 매우 쳐라!"

어느 날은 자신과 아들을 죽일 거라는 가짜 편지를 후궁이 사는 건물에 던져넣기도 하고요. 심지어는 후궁들을 저주한다며 그들이 사는 건물 주변에 사람의 뼈를 묻기까지 합니다. 그녀의 엽기적인 행동의 절정은 성종의 얼굴을 할퀸 일이었습니다.

"부인, 왜 이러시오. 이러지 마시오. 중전은 조선의 모든 여인을 다스리는 수장 아니오. 이렇게 매일 질투심에 궐 안을 헤집고 다니면 주변에서 어떻게 생각하겠소? 그만하시오."

"전하! 지금 저를 의심하는 것이옵니까? 전하, 혹시 지금 다른 후궁 년 처소에 드시려고 하지요? 저는 다 알고 있사옵니다. 가지 마소서! 가시려면 차라리 저를 죽이세요."

"중전! 그만 하시오! 도가 지나치시오! 놓으시오!"

"전하! 가지 마시옵소서! 전하!"

그러는 과정에서 중전 윤씨는 성종의 얼굴을 손톱으로 할큅니다. 임금의 얼굴을 건드리다니 상상도 못 할 일이었죠. 그러자 성종의 어머니인 인수대비(소혜왕후)는 화가 많이 났어요.

"중전! 이러면 아니되오! 중전은 공인 아니시오! 이렇게 사적인 감정으로 행동하면 어쩌…"

"대비마마께서 뭘 아십니까!"

"아니 중전! 이게 무슨 말버릇이오!"

그녀는 이제 궁궐 안에서 공포의 대상이 되었어요. 신하들 역시 그녀를 쫓아내라 목소리를 내기 시작합니다.

"전하! 지금 중전마마께서는 납득할 수 없는 행동을 하고 있사옵니다. 심지어 궁궐 내 잡일을 하는 무수리들 사이에서도 중전의 행동이 언급되고 있으니 왕실의 명예가 말이 아니옵니다. 결단을 내리시옵소서."

결국 성종은 그녀를 궐 밖으로 쫓아내고 사약을 내립니다. 도저히 그냥 두어서는 안 된다고 판단한 거예요.

"폐비 윤씨는 성격이 포악하고 왕실의 웃어른들께도 공손하지 못하고 과인에게도 함부로 하였다. 이는 나라를 위험에 빠뜨릴 수 있으니 과인은 폐비 윤씨에게 사약을 내리는 바이다."

폐비 윤씨가 죽은 이후 성종은 다른 후궁 출신의 새 왕비를 맞이해요. 그러나 이때 성종은 큰 실수를 합니다. 새로운 왕비가 아직 젊기 때문에 언제든 아들을 낳을 수 있는데도 불구하고 죽은 폐비의 아들을 세자로 책봉하겠다고 명령을 내려요. 이 소식을 들은 신하들은 난리가 났어요.

"아니, 주상 전하께서 폐비의 아들을 세자로 만든다 하오."

"아니 뭐라고? 말도 안 되오. 만약 아들이 성장해 어미의 일을 알게 되면 폐비를 주장했던 우리들은 어떻게 되겠소? 또 한 번 궐 안에 피바람이 일 것이니 우리가 막아야 하오."

그들은 바로 성종에게 달려갔어요.

"전하! 세자 책봉이라니요. 불가하옵니다. 지금 중전마마께서 아직 젊으시온데 어찌 폐비의 아들에게 옥새를 주려 하시옵니까?"

성종이 세자 연산군의 책봉식을 거행했던 경복궁 사정전

그러나 성종은 말합니다.

"세자가 아직 어리니 어미의 일은 비밀로 하면 될 것이다. 그러니 더 이상 이 일에 대해 언급하지 마라."

"전하! 불가하옵니다!"

"세자를 정하는 것은 왕의 권한이니라. 누가 감히 어명을 어기려 하느냐!"

성종의 말대로 후계자를 정하는 권리는 임금에게 있어요. 성종은 주변의 반대에도 불구하고 결국 폐비의 아들을 세자로 책봉합니다.

"이번 세자 책봉식은 경복궁 사정전 앞마당에서 거행할 것이니 관련 부서는 준비하라."

세자 책봉식은 즉위식만큼 중요한 행사이기 때문에 궁궐의 가장 큰 정전에서 하는 것이 관례인데 유독 연산군의 세자 책봉식은 편전인 사정전에서 열렸어요. 이를 두고 사람들은 당시 분위기가 좋지 않아 성종이 간단하게 행사를 하지 않았나 생각해요. 워낙 반대가 심했으니까요. 성종은 책봉식 내내 세자가 주변의 걱정과 달리 올바르게 성장해서 훌륭한 임금이 되길 바랐어요. 그러나 역사는 그의 바람대로 흐르지 않았습니다.

10

연산군

폭정으로 쫓겨난 임금

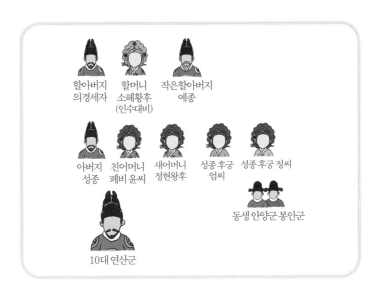

할아버지 할머니 작은할아버지
의경세자 소혜황후 예종
(인수대비)

아버지 친어머니 새어머니 성종 후궁 성종 후궁 정씨
성종 폐비 윤씨 정현왕후 엄씨

동생 안양군 봉안군

10대 연산군

복수의 먹구름 – 창경궁 경춘전

"전하! 지금이라도 세자를 폐위하시옵소서. 폐비의 아들이옵니다. 게다가 지금 중전마마께서 왕자마마를 낳지 않으셨습니까? 전하! 부디 결정을 바꾸시옵소서!"

거의 매일같이 신하들은 세자를 쫓아내라고 이야기했습니다. 만약에 세자가 왕이 되었다고 생각해 보세요. 자기 어머니의 죽음을 방관하고 이에 협조한 신하들을 가만히 둘까요? 그러니 대부분의 신하들은 폐비의 아들이 세자가 되는 것에 반대를 한 거예요. 그러나 성종은 이미 세자의 왕위 계승을 결정한 상태였죠.

"됐다. 나는 이미 결정했다. 폐비는 이미 죽었고 세자는 어려서 그 사실을 모르지 않는가! 그리고 앞으로 내가 죽은 뒤 100년간 폐비의 일을 말하지 마라."

이런 유언을 남긴 채 성종은 돌아가십니다. 그리고 세자는 예정대로 조선 제10대 임금이 되어요. 그 유명한 연산군입니다.

어렸을 때 연산군은 자신의 친어머니가 쫓겨나 죽었다는 사실을 몰랐어요. 새어머니(정현왕후)가 친어머니인 줄 알고 성장했죠. 하지만 세상에 비밀이 있을 리 없습니다. 소문은 이미 다 퍼졌고 여기저기서 수군대는 소리가 들렸어요.

그러던 어느 날 간신배 한 명이 조용히 임금에게 말해요.

"전하! 송구하오나 지금 전하의 어머니는 대비마마가 아니시옵니다."

"아니 그게 무슨 말이더냐?"

"전하의 어머니는 궁궐에서 쫓겨나 사약을 받고…."

"사약? 계속해 보거라!"

"사약을 받으시고 억울하게 돌아가셨사옵니다…."

"뭐라? 내 어머니가 억울한 누명을? 사약을 받았다니! 누가 감히 그렇게 만들었느냐?"

"일부 신하들과…."

"어허! 말해 보아라!"

"송구하오나, 왕대비전이…."

"할마마마께서?"

"그러하옵니다…."

성종의 어머니인 인수대비(연산군의 할머니)는 며느리인 폐비 윤씨를 그리 좋아하지 않았어요. 당연했겠죠. 중전으로서의 품위를 잃고 매일같이 소란을 떨었으니까요. 신하는 그런 이야기는 쏙 빼고 마치 폐비 윤씨가 억울하게 죽임을 당한 것처럼 이야기했죠. 그리고 이때부터 연산군은 폭력적인 왕으로 변하기 시작합니다. 우선 자신의 세자 책봉을 반대했던 신하들을 찾아 쫓아내거나 고문으로 죽이기까지 해요. 매일 밤 궁궐 안에는 고문으로 인한 비명 소리가 끊이질 않았어요.

"네 이놈! 바른 대로 말하거라! 네놈이 내 어머니를 쫓아내려고 아바마마에게 매일같이 청했던 사실을 내가 알고 있느니라."

연산군은 자기 어머니가 쫓겨나는데 찬성했거나 동의한 사람들은 그게 누구든 무조건 잡아들여 고문을 가했어요. 심지어 아버지 성종의 후궁들조차 말이죠.

"왜 이러시오, 주상! 내가 누군지 모르시오? 나는 성종대왕의 후궁이요. 도대체 내가 무슨 잘못을 했다고 이러시오."

"네년이 아무리 내 아버지의 총애를 받았던 후궁일지라도 그건 과거의 일이다! 넌 지금 죄인으로 끌려온 것이다. 감히 내 어머니를 쫓아내고 억울한 누명을 씌웠다고? 이 모든 것은 네년들이 우리 어머니를 시기 질투한 결과가 아니더냐! 네년들도 내 어머니처럼 죽음의 고통을 맛보게 할 것이야! 뭣들 하느냐! 저년들이 솔직히 말할 때까지 몽둥이질을 멈추지 말거라!"

임금의 말 한마디에 관리들의 몽둥이질이 시작됩니다. 그러다 연산군은 갑자기 입을 엽니다.

"지금 당장 저년의 아들들인 안양군과 봉안군을 끌고 오너라!"

얼떨결에 창경궁으로 끌려온 후궁의 아들들, 즉 연산군에게는 배다른 동생들이었어요.

"전하! 살려주시옵소서! 형님…."

"그래, 그 방도를 알려주겠다. 저기 죄인들이 보이느냐? 내가 몽둥이를 줄 테니 저들을 치거라!"

연산군의 이런 엽기적인 행동은 실제로 있었던 일입니다. 조선왕조실록에는 연산군의 만행이 자세히 묘사되어 있어요. 심지어 한 왕자는 자신의 어머니를 매질해 죽게 만들었다고 해요.

"역시 내 동생들이야! 죄를 지었으면 매질을 당해야지! 안 그러냐? 하하하하! 이제 다음 죄인을 다스리러 가야겠다!"

그러더니 이번에는 동생들의 머리채를 잡고 창경궁 경춘전으로 향했어요. 당시 경춘전에는 성종의 어머니이자 연산군의 친할머니인 인수대비가 살고 있었어요. 이미 밤 늦은 시간임에도 연산군은 큰 소리로 외칩니다.

"할마마마! 소손 왔사옵니다! 소손이 직접 우리 할마마마께 술 한잔 따르러 왔는데, 어찌 이리 조용하시옵니까? 여기 다른 손자들까지 왔네요. 그럼, 저희 들어갑니다!"

그러자 대비전 상궁들이 이를 말립니다.

"주상 전하! 아뢰옵기 송구하오나 지금은 너무 늦었사옵니다. 이미 대비마마께서는 잠드셨…."

"뭐라? 지금 내게 뭐라 하였느냐? 네년이 감히! 저년이 더 이상 입을 놀리지 못하게 혀를 잘라버리거라."

이때 할머니 인수대비가 큰 소리로 말합니다.

"주상! 도대체 이게 무슨 짓이오!!"

연산군이 난동을 부렸던 창경궁의 대비전인 경춘전

"할머니! 이 손자를 용서하시옵소서! 제가 무례했지요?"

연산군은 비아냥거리면서 할머니께 인사를 합니다.

"그런데 할마마마! 왜 제 어머니를 죽이셨나이까? 도대체 무슨 죄를 지었길래."

인수대비는 조용히 한마디했어요

"피는 못 속이는구나! 누가 폐비의 아들 아니랄까봐…."

"할마마마! 제가 할마마마라고 해서 봐드릴 거라 생각하시옵니까? 할마마마께서 결국 제 어머니를 죽인 거지요? 저는 다 알고 있사옵니다."

"그만 그만하시오, 주상!! 주상은 지금 제정신이 아니오!!"

실제로 기록을 보면 당시 연산군은 제정신이 아니었어요. 정말 미친 사람 같았습니다. 경춘전은 주로 대비나 왕대비처럼 왕실의 여인들, 특히 어른들이 사용을 많이 한 건물이라고 합니다. 그리고 연산군이 난동을 부렸을 때가 밤늦은 시간이었죠.

어둑어둑해질 무렵 경춘전을 보고 있으면 그날 밤 할머니를 향해 소리 지르던 손자의 괴성이 들리는 듯합니다. 그나저나 당시 고문으로 죽은 성종의 후궁들은 어떻게 되었을까요? 연산군은 그들의 시신을 찢어 산에 버리라는 명령을 내렸답니다.

흥청망청의 발원지 - 경복궁 경회루

왕의 하루는 어떨까요?

왕은 이른 새벽 날이 밝기 전에 일어나 가장 먼저 어머니께 인사를 드리고 공부를 합니다. 그리고 아침을 먹고 일을 합니다. 일이 끝나면 다시 공부를 합니다. 점심을 먹고 잠시 쉬었다가 다시 일을 하죠. 하루에 해결해야 할 일이 정말 산더미였거든요. 그리고 저녁을 먹고 다시 공부를 시작합니다.

왕은 하루 종일 공부하고 일하고 다시 공부하고…. 이렇게 일과 공부의 연속이에요. 조선의 왕들이 왜 일찍 죽었는지 이해가 되죠. 정말 극한 직업입니다. 그런데 이를 아예 무시하고 자기 마음대로 한 왕이 있었으니, 바로 연산군입니다. 연산군은 온갖 핑계를 대면서 일과 공부를 피하려고 했어요.

"전하! 지금이 며칠째이옵니까? 지금까지 이렇게 책을 멀리한 임금은 없었사옵니다. 소신이 이렇게 간곡히 청하옵니다. 제발 책을 펴소서! 그리고 신하들의 말을 들으소서!"

"내가 눈이 몹시 아프다 하지 않더냐! 글자를 보려 하면 마치 안개가 뿌옇게 앞을 가린 것처럼 흐려 보이지 않으니 내가 어떻게 일을 할 수 있단 말이냐!"

"하지만 전하, 어제 잔치 때는 매우 건강한 모습으로 술과 음식을 드시지 않았사옵니까?"

"그것과 일은 다르지 않느냐? 술자리야 먹고 마시는 것이니 눈과 관계가 없다. 나도 임금으로서 일을 하고 싶다. 내 눈이 좀 좋아지면 할 테니 그리 알라!"

당시 연산군에게 가장 놀기 좋았던 장소는 경회루였습니다. 연산군은 매일 밤 흥청들을 불러 경회루에서 잔치를 베풀었습니다. 흥청이란 연산군 때 왕명으로 모집한 기녀들을 말해요. 매일 밤 풍악 소리와 흥청들의 웃음 소리에 경복궁은 조용한 날이 없었어요.

여러 역사의 현장이었던 경복궁 경회루

"자, 들거라! 오늘도 마셔보자! 그리고 내일은 경회루에서 뱃놀이를 할 것이다. 여봐라, 연못에 배는 준비되었는가?"

"전하, 배가 오래 되어 내일은 불가…."

"뭐라? 지금 네놈이 내 흥을 깨려 하느냐? 저자를 끌고 가라! 그리고 무슨 일이 있어도 내일까지 이곳 연못에 배를 띄우거라!"

이에 신하들은 당황합니다.

"아니, 이를 어쩌면 좋소. 배를 당장 어디서 구한단 말이오. 내일 한강에 있는 배를 옮겨와야겠소."

"그 큰 배를 어떻게…."

"지금 그게 문제요? 배를 못 구하면 대감이나 나나 모두 저승에서 만날 것 같으니 어떻게든 구해 봅시다!"

결국 다음 날 백성 5백 명을 동원해서 지금의 한강변 마포에서 경복궁 경회루까지 배를 끌고 옵니다. 왕이 재미있게 놀기 위해 죄 없는 백성들을 불러 일을 시켰던 거예요. 오죽했으면 매일 이런 일이 벌어지니 사람들 사이에서는 이런 말까지 나왔어요.

"저렇게 임금이 매일같이 흥청들하고 노니 나라가 어떻게 되겠어? 망하지 망해! 그러니 저것들은 흥청이 아니라 망할 망, 망청이야! 망청!"

여기서 '흥청망청'이란 말이 생긴 거예요. 심지어 어느 날은 연산군이 밤 늦도록 경회루에서 놀다 담 너머 산의 불빛을 보았어요.

"저 불빛은 무엇이냐?"

"인왕산 기슭에 사는 백성들의 집이옵니다."

"감히 백성이 임금의 잔치를 보다니! 그것도 위에서 아래로…. 내 용서할 수 없다! 내일 당장 저 집들을 없애버려라!"

연산군의 폭력적인 행동은 정말 혀를 내두를 정도였어요.

이곳은 경복궁 경회루입니다. 경회루는 참 다양한 이야기들이 스며 있는 역사의 현장이 아닐 수 없어요. 1418년 태종이 아들 세종에게 옥새를 넘길 것이라며 깜짝 선언을 한 장소가 경회루죠. 또 세종대왕 때는 왕이 경회루 근처에 초가집을 지어 백성들의 고통을 나누고자 했습니다. 그리고 1455년 어린 왕 단종이 삼촌인 수양대군에게 직접 옥새를 건네준 곳도 경회루예요. 1506년 폭군 연산군이 흥청망청 놀던 장소도 경회루고요. 경회루를 보고 있으면 1418년부터 1506년까지 100여 년의 역사가 한순간에 지나가네요.

11
중종
신하들이 만든 임금

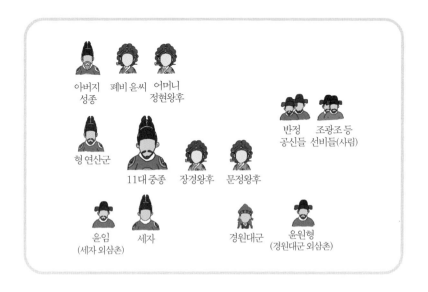

신하가 건넨 옥새 – 경복궁 근정전

"영감, 지금 주상은 제정신이 아닙니다. 이미 거두어들인 세금은 바닥이 났어요. 이러다 나라가 망합니다. 어찌하면 좋겠습니까!"

"나 역시 같은 생각이오. 그래 누가 다음 왕위를 이었으면 좋겠소?"

"다행히 지금 대비마마의 아드님인 진성대군이 있지 않습니까? 사실 따지고 보면 지금 주상은 폐비(윤씨)의 아들이고 진성대군은 현재 대비마마(정현왕후)의 아들이니 진성대군이 옥새를 받으시는 것이 맞지 않겠소?"

"대감, 군사는 모았습니까?"

"이미 조치를 취해 놓았소. 이제 날을 잡읍시다."

연산군의 엽기적인 행동에 도저히 참을 수 없었던 신하들의 대화예요. 예정대로 그들은 군대를 일으켜 경복궁으로 진격했어요.

"당장 폭군을 잡아들여라!"

순식간에 반란군은 경복궁을 포위합니다. 이 소식에 헐레벌떡 내시 한 명이 연산군에게 알려요.

"전하! 전하!! 지금 반란이 일어났사옵니다. 무기를 든 자들이 곳곳에서 전하를 찾고 있사옵니다! 어서 피하시옵소서!"

"뭐라? 반란? 빨리 도승지(비서)를 부르라!"

연산군은 떨면서 말합니다.

"어쩌면 좋겠느냐…. 나를 살려라! 어서!"

하지만 연산군은 결국 반란군에게 발각됩니다.

"내게 왜 이러느냐! 내가 임금이다!"

"임금? 나라를 망쳐놓은 당신은 이제 임금이 아닌 죄인이오!"

그들은 옥새를 빼앗아 바로 대비전으로 달려갑니다. 임금이 죽고 세자가 즉위하기 전까지 임금의 도장인 옥새는 왕실의 가장 큰 어른에게 보내집니다. 왜냐하면 즉위 전까지 사실상 임금이 없는 기간이기 때문에 혼란을 최소화하기 위해서예요. 당시 대비는 성종대왕의 왕비인 정현왕후였어요. 원래는 연산군의 어머니인 폐비 윤씨가 왕비였지만 쫓겨났죠. 그리고 다음으로 왕비가 된 인물이 정현왕후입니다. 그러니까 연산군에게는 새어머니가 되겠죠. 반정군들은 옥새를 바치면서 대비에게 말합니다.

"대비마마! 폭군이 드디어 잡혔습니다. 이제 새 역사를 쓰셔야 합니다. 이미 하늘의 뜻은 진성대군(대비의 친아들)에게 갔사옵니다. 어서 진성대군에게 옥새를 받으라 명하소서!"

"결국 나라가 이 지경에 이르렀구나! 여러 이야기를 들어보니 경들의 말이 맞는 듯싶소. 나라에 임금이 없을 수 없으니 지금 당장 진성대군에게 옥새를 보내고 즉위 준비를 하시오."

대비의 허락이 떨어지자마자 반란군은 옥새를 들고 궁궐 밖 진성대군 집으로 향합니다. 그가 바로 연산군을 쫓아내고 반정으로 왕위에 오른 조선 제11대 임금 중종입니다.

중종이 반정으로 즉위한 경복궁 근정전

"전하! 지금은 위급 상황이옵니다. 일단 옥새를 받으셨으니 경복궁 근정전에 나아가 즉위를 하소서! 그것이 가장 급한 일이옵니다."

"대감, 그런데 아직 면복(즉위할 때 입는 옷)이 준비가 되지 못했사옵니다."

"그럼 면복 대신 폐주(연산군)의 곤룡포라도 입어야 하지 않겠소?"

그렇게 중종은 면복이 아닌 연산군의 곤룡포를 입고 경복궁 근정전에서 간단한 즉위식을 거행합니다.

사림이 화를 입다 – 경복궁 신무문

연산군을 몰아내고 중종이 왕이 된 사건을 역사에서는 '중종반정'이라고 부릅니다. 중종반정은 조선 역사를 바꾼 아주 큰 사건이었어요.

왕조 국가에서 왕은 많은 힘을 가지고 있어요. 그렇다면 그 힘은 어디서 나올까요? 바로 옥새입니다. 옥새는 누구에게 받는 거죠? 돌아가신 아버지 임금이죠. 그럼 아버지 임금은 누구에게로부터 받죠? 할아버지 임금이죠. 그렇게 거슬러 올라가면 조선을 건국한 태조 이성계까지 올라가는 거예요. 즉, 옥새란 조선의 모든 왕을 상징합니다. 신하들이 왕에게 무례하게 행동하면 그것은 그 왕에게 한 것이 아니라 그 왕에게 옥새를 준 모든 왕들에게 한 것이라 여겼던 거예요. 그래서 늘 신하들은 예의바른 자세로 왕을 대합니다. 그러나 중종은 좀 달랐어요. 중종은 누구로부터 옥새를 받았나요? 중종의 아버지가 아닌 바로 자신의 신하들입니다. 그러니 중종은 오히려 신하들의 눈치를 보게 됩니다.

"전하! 저희는 목숨을 걸고 전하께 옥새를 드린 사람들입니다. 전하께서는 지금 저희가 아니었으면 임금이 되셨겠사옵니까? 그러니 저희 말을 잘 들으시옵소서!"

목숨 걸고 새 임금을 만드는 공을 세웠으니 공신들은 그에 대한 보상을 원합니다. 그런데 문제는 공신의 수가 너무 많다는 거예요. 태조 이성계가 조선을 건국할 때 공신 수가 50여 명이었는데, 중종반정 때는 무려 100명이 넘었어요. 왜 이렇게 많아졌을까요? 공신에 이름만 올리면 엄청난 보상이 따르니 많은 사람들이 온갖 뇌물을 주면서 자신의 이름을 공신 명단에 올렸기 때문이에요. 하지만 이를 알고도 중종은 그들을 어떻게 하지 못했어요.

"내 이번에 공신 명단을 보았다. 그런데 공신 수가 너무 많지 않은가?"

"전하! 무슨 말씀이시옵니까? 연산군을 쫓아내는 일은 결코 쉬운 일이 아니었사옵니다. 다들 목숨을 걸고 한 일이고 그 덕분에 전하께서 옥새를 받으셨으니 그 수가 몇 명이든 당연히 보상을 받아야 한다고 생각하옵니다."

"그래도 그렇지. 이건 너무 많은….."

"전하! 한 번 더 말씀 올리옵니다. 공신들이 아니었으면 지금의 전하도 아니계셨을 것이옵니다. 그러니 소신들을 믿으소서."

"알겠다….."

신하들의 힘은 세졌고 왕의 힘은 약해졌어요. 그렇게 시간이 흐르고 공신들은 떵떵거리며 생활했어요.

"지금 대세는 임금이 아니야. 임금을 만든 공신들이지. 그러니 뇌물을 줘도 공신들에게 바쳐야 출세를 한다고!"

이런 모습을 본 중종은 자괴감이 들었을지 몰라요. 그러던 어느 날 중종은 좋은 생각을 떠올립니다.

'그래 선비들! 선비들이 누구인가! 연산군 때도 바른 말을 하다가 쫓겨난 학자들 아닌가! 만약 내가 부른다면 분명 선비들은 저 공신들의 부정부패를 막을

수 있을 것이야!'

이때부터 중종은 전국에서 선비들을 뽑아 일을 시켰습니다. 이들 중에는 성격이 불같은 선비 조광조가 있었습니다. 중종의 예상대로 조광조는 눈치 보지 않고 직설적으로 공신들의 잘못을 지적합니다. 처음에 중종은 그의 이런 모습을 뿌듯해했죠. 그러나 시간이 지나면서 선비들은 중종에게 아예 공신들의 수를 줄이라는 주장까지 합니다. 어느 날 조광조는 경복궁 사정전에서 열린 회의에서 작정한 듯 중종에게 이렇게 이야기합니다.

"전하! 지금 공신들의 횡포는 폭군 연산군 시대와 다름이 없사옵니다. 그들은 엄청난 땅을 소유하고 그들에게 잘 보이려고 온갖 아첨과 뇌물이 오가고 있사옵니다. 어찌 이 모습을 그냥 보고만 있을 수 있사옵니까. 특히 공신들 중에는 전혀 공이 없는데도 뇌물을 주고 공신 명단에 이름을 넣은 자들이 있사옵니다. 전하, 지금 당장 그들의 이름을 삭제하시고 엄히 벌하소서!"

이 주장을 '위훈삭제'라고 해요. '위반할 위僞, 훈장 훈勳', 즉 잘못된 훈장을 받은 이들의 이름을 삭제하라는 주장이죠. 그러나 중종은 조광조의 말을 쉽게 들어줄 수가 없었어요. 공신들이 너무 무서웠던 거죠. 생각해 보면 공신들이 바로 자신의 형인 연산군을 쫓아낸 사람들이었어요. 만약 자신도 그들의 마음을 상하게 하면 연산군처럼 쫓겨날 수도 있다고 생각한 거죠.

"경들의 말은 다 일리가 있다. 그러나 공신의 수를 줄이는 것은 신중히 생각하라! 아무리 잡음이 있다 하더라도 공신들은 나를 임금으로 만들기 위해 목숨을 바친 자들이다. 그들의 이름을 줄이자는 것은 곧 나를 부정하는 일이니 나는 쉽게 결정할 수 없다!"

"전하! 소신의 말은 무조건 삭제하자는 것이 아니라 가짜 공신을 찾자는 것이옵니다. 그들에게 나가는 세금이 너무 많사옵니다. 부디 청을 들어주소서!"

"안 된다 하지 않았느냐!"

이미 중종은 지나치게 공격적인 선비들의 행동에 싫증을 느끼고 있었어요. 이렇게 중종이 망설이자 공신들은 안도의 한숨을 쉽니다.

"저자들이 미치지 않고서야 어찌 전하께 저리 무례한 행동을 할 수 있단 말인가! 감히 공신 명단을 다시 만들자고? 이런 쳐 죽일 놈들!"

"안 되겠네! 이번 기회에 저들에게 우리의 힘을 보여줘야겠어!"

그들은 밤늦게 조용히 중종을 만납니다.

"전하! 요즘 조광조 등의 선비들이 모든 질서를 어지럽힌다고 들었사옵니다. 하지만 전하, 걱정 마시옵소서! 저희가 알아서 처리할 것이옵니다. 단 전하께서는 경복궁 북문인 신무문만 열어주시면 되옵니다. 그럼 저희가 군대를 동

1519년 기묘사화의 현장인 경복궁 신무문

원해 궐 안 조광조 일당을 처리할 것이옵니다."

"그래도 옳은 말을 하는 선비 아닌가! 그들의 주장 또한 잘못되었다고 할 수 없…."

"전하! 이 무슨 말씀이시옵니까? 지금 전하께서 앉아계신 용상(왕의 의자)을 생각하소서. 소신들이 없었다면 지금의 용상도 없는 것이옵니다. 이미 한 배를 탄 운명이니 전하께서는 그저 소신들을 따르시면 되옵니다."

방금 대화에서처럼 그들은 중종이 신무문을 열어주면 순식간에 궁궐 내 모든 선비들을 잡아들일 계획이었어요. 경복궁에는 4개의 큰 대문이 있는데, 3개 대문의 열쇠는 관리하는 관청이 따로 있었지만 북쪽 문인 신무문은 뒤쪽 북악산의 불의 기운을 막기 위해 늘 닫아놓고 사용을 하지 않았다고 해요. 그러니 다른 문보다 신무문을 통해 궁궐에 진입하는 게 아무래도 용이했을 거예요. 결국 예정대로 신무문이 열렸고 공신들은 순식간에 경복궁에 난입해 조광조 등의 선비들을 잡아들입니다.

"조광조! 네 이놈! 너는 주상 전하에게 온갖 거짓 정보를 전해 주상 전하의 심기를 어지럽혔다. 네 죄를 알렸다!"

"대감! 잘 들으시오. 이 나라는 이씨의 나라이지 공신의 나라가 아니오! 나는 당신들이 반정을 평계로 온갖 부정부패를 저지르고 있다는 사실을 알고 있소! 역사가 무섭지 않소!"

"저놈이 실성을 한 모양이로다! 저놈을 쳐라!"

이 사건은 1519년 기묘년에 선비(士)들이 화를 당한 사건이라 해서 '기묘사화'라 불러요.

신무문은 기묘사화의 시작을 알렸던 곳이에요. 지금의 신무문 바깥쪽에는 청와대가 위치해 있어요. 500년 전 기묘사화로 조광조는 죽게 되고 공신들의 부정부패는 더 심해졌어요.

신문을 보면 이런 생각이 들어요. 만약 조광조가 자신의 주장을 너무 공격적이지 않게 상대를 설득해가면서 했다면 역사는 어떻게 되었을까? 중종이 조광조의 말을 듣고 공신들의 부정부패를 차단했다면 역사는 어떻게 되었을까?

의문의 화재 – 경복궁 자선당

옛날에는 아이를 낳다가 죽는 경우가 아주 많았어요. 중종의 부인인 장경왕후는 아들을 낳은 뒤 바로 돌아가셨죠. 그러다 보니 중종의 큰아들, 즉 세자는 어머니 없이 자라게 됩니다. 그 뒤 중종은 새 부인인 문정왕후를 맞이했는데, 그녀는 딸만 네 명을 낳아요. 그러니 그때까지도 어머니를 잃은 세자가 다음 왕이 되는 것은 거의 정해지는 분위기였죠. 그러다 문정왕후가 늦둥이 아들인 경원대군을 낳게 됩니다. 이제 궁궐 안 분위기는 뒤숭숭해지기 시작해요. 세자가 이미 결정된 상황이었지만, 문정왕후 입장에서는 그래도 자신의 친아들이 왕이 되길 바라지 않겠어요? 문정왕후 윤씨의 친척들은 어떻게 해서든 경원대군을 세자로 만들려고 했어요. 이에 맞서 장경왕후 윤씨의 친척들은 세자를 지키려 합니다. 어느 날 세자의 삼촌인 윤임이 말합니다.

"저하! 그동안 안녕하셨사옵니까? 요즘 궐 안에 심상치 않은 소문이 돌고 있사옵니다. 아뢰옵기 송구하오나, 지금 중전마마의 동생인 윤원형이 무언가를 꾸미고 있는 듯하옵니다. 저들 입장에서는 세자 저하만 안 계시면 경원대군을 임금으로 만들 수 있으니…."

"삼촌, 그런 말씀 마세요. 중전마마는 저에게는 친어머니와 다름없습니다. 어찌 어머니께서 저에게…."

이런 정치적 혼란 속에서도 세자는 아주 훌륭하게 성장했어요. 거의 매일 새어머니를 찾아뵙고 안부 인사를 했다고 해요. 그러나 문정왕후는 이런 세자를 대놓고 싫어했어요.

"어마마마! 지난밤 날이 좀 추웠는데 건강은 어떠신지요?"

"아니, 친어미도 아닌데 왜 이리 매일 인사를 온단 말이오? 나는 건강하니 그만 돌아가시오. 그나저나 세자, 세자가 왕이 되면 가장 먼저 나와 내 아들 경원대군을 죽일 거라는 소문이 도니 내가 잠이 오지 않는구려!"

"어마마마! 어찌 그런 말씀을 하시옵니까?"

이런 말을 들을 때마다 착한 세자는 눈물을 흘렸다고 해요. 그러던 어느 날 경복궁 내 동궁전인 자선당에 의문의 화재가 발생합니다.

"전하! 지금 자선당에 불이 났사옵니다."

"뭐라? 세자, 우리 세자는 어떠한가?"

"다행히 세자마마께서는 무탈하다 하옵니다."

"아니 갑자기 화재라니! 이런 해괴한 일이 있나!"

그런데 소문에 의하면 불이 난 후에도 세자는 자선당을 빠져 나오지 않았다고 해요.

"세자마마! 어서 피하시옵소서!"

건물이 불타고 있는 와중에도 세자는 그냥 앉아 있었다고 합니다. 내시들이 그런 세자를 업고 나오려 하자 세자는 이렇게 말합니다.

"나를 그냥 두어라. 나는 여기서 죽을 것이다. 내가 죽으면 더 이상 후계자 문제로 신하들이 싸우지 않을 것이고, 무엇보다 우리 어마마마의 마음이 편해

의문의 화재가 발생했던 경복궁의 동궁 자선당

지지 않겠느냐. 너희들 먼저 피하거라."

"마마! 아니 되옵니다. 어찌 그런 말씀을 하시옵니까? 피하시옵소서!"

그때 자선당 밖에서 세자를 찾는
중종의 다급한 목소리가 들립니다.

"세자야, 어디 있느냐! 제발 나오
거라! 세자야!"

아버지의 다급한 목소리를 듣자
세자는 생각합니다.

'내가 여기서 죽으면 아바마마의
심정은 또 어떠하겠는가! 이 역시

불효의 길이니….'

그제서야 세자는 자선당을 빠져나왔다고 합니다. 전해오는 이야기지만 세자가 얼마나 효자였는지 알 수 있는 대목이에요.

그나저나 갑작스러운 자선당의 화재 원인은 무엇이었을까요? 소문이긴 하지만 문정왕후가 세자를 죽이기 위해 사람을 시켜 쥐꼬리에 불씨를 묶어 자선당에 넣었다는 이야기가 있습니다. 이처럼 당시에 세자를 지키려는 사람들과 문정왕후의 아들을 세자로 만들려는 사람들 간의 갈등은 매우 심했습니다.

12

인종

신분이 낮은 백성에게도 예를 갖춘 어진 임금

아버지 중종　어머니 장경왕후　　새어머니 문정왕후

외삼촌 윤임　　　12대 인종　　　동생 경원대군

인종의 즉위식 – 창경궁 명정전

1544년 중종이 창경궁에서 돌아가십니다. 그리고 착한 세자가 조선 제12대 임금이 돼요. 세자는 반드시 임금이 돌아가신 궁궐에서 즉위식을 합니다. 그 이유는 왕이 돌아가시면 다음 왕은 보통 일주일 정도 후에 즉위식을 하게 되는데, 그동안은 엄밀히 말하면 나라에 왕이 없기 때문이에요. 만약 그사이 누군가 자객을 보내 옥새를 훔쳐가거나 세자를 죽일 수도 있겠죠. 이런 상황 속에서 세자가 다른 궁궐로 이동해 즉위를 한다면 위험에 노출될 수도 있잖아요? 그래서 세자는 반드시 임금이 돌아가신 궁궐 내에서 즉위를 합니다.

중종은 창경궁에서 돌아가셨는데 창경궁의 정전인 명정전은 규모가 작아요. 그래서 신하들은 창경궁 대신 창덕궁 인정전에서 즉위식을 하도록 제안합니다. 왜냐하면 창경궁은 창덕궁과 같은 담 안에 있기 때문이에요.

"세자 저하! 창덕궁 인정전에서 즉위식을 준비하겠사옵니다."

"아니다. 즉위식 장소는 창경궁 명정전으로 하라!"

"창경궁은 창덕궁과 같은 담 안에 있기 때문에 창덕궁에서 즉위식을 거행해도 괜찮사옵니다. 게다가 창경궁의 정전인 명정전은 그 규모가 작아 즉위식을 하기에는 적합하지 않사옵니다."

"아니다. 나는 명정전이 좋다."

인종이 즉위식을 왜 창경궁 명정전에서 했는지는 정확하지 않아요. 다만 인종이 매우 효자였음을 생각해 볼 때 대강 그 이유를 짐작할 수 있어요. 세자 시절 인종은 항상 최선을 다해 부모님을 모셨어요. 비록 새어머니지만 문정왕후가 조금만 아프면 아침저녁으로 인사를 올리며 챙겼고, 아버지 중종이 위독할 때는 아예 자리를 떠나지 않고 옆에서 보살필 정도였어요. 그리고 창경궁은 아버지 중종이 마지막을 보낸 곳이죠. 그러니 인종은 아버지의 흔적이 많은 창경궁에서 즉위를 하고 싶지 않았을까요?

아버지를 떠나보낸 아들 인종은 얼마나 슬펐을까요? 즉위식 날 인종은 명정전으로 나갔어요. 이미 명정전 앞마당(조정)에는 왕실 친척과 신하들이 새 임금을 기다리고 있었습니다. 인종은 임금의 길인 어도를 통해 명정전에 올랐어요. 거기에는 왕의 의자인 어좌가 놓여 있었죠. 그러나 인종은 쉽게 어좌에 앉을 수 없었어요. 얼마 전까지 아버지가 사용하던 어좌를 만지면서 계속 눈물만

인종의 즉위식이 열렸던 창경궁 명정전

흘렸죠.

"아바마마! 어찌 소자만 두고 가시옵니까. 소자는 아바마마의 의자에 차마 앉을 수 없사옵니다. 아바마마!"

그러자 신하들이 간곡히 청을 올립니다.

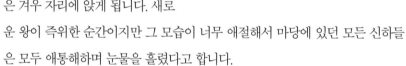

"어서 자리에 앉으시옵소서. 그래야 모든 신하들이 예를 올릴 수 있사옵니다."

"나는 차마 이 자리에 앉을 수 없을 것 같다."

그렇게 한참을 울먹이던 인종 은 겨우 자리에 앉게 됩니다. 새로 운 왕이 즉위한 순간이지만 그 모습이 너무 애절해서 마당에 있던 모든 신하들 은 모두 애통해하며 눈물을 흘렸다고 합니다.

젊은 성군의 죽음 – 경복궁 청연루

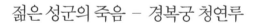

인종이 왕이 되었지만 새엄마 문정왕후는 여전히 인종을 노골적으로 싫어했어 요. 그럼에도 인종은 최선을 다해 어머니를 모셨어요.

"마마! 주상 전하 납시옵니다."

"주상, 어인 일이시오? 주상이 왕이 되었으니 나는 곧 죽겠구려!"

"아니 어인 말씀이시옵니까!"

"지난번 자선당 화재 사건도 내가 그랬다는 소문이 돌고 있어요. 그 소문을 누가 퍼트렸겠소? 주상의 삼촌인 윤임이 퍼트린 거 아니오?"

"아니옵니다. 오해시옵니다. 어마마마! 부디 노여움을 푸시옵소서!"

인종은 다음 날 신하들에게 엄하게 명령을 내려요.

"내가 왕이 되기 전에 나를 좋아하지 않았던 신하들을 나는 알고 있다. 그러나 나는 그들을 나무라지 않을 것이다. 나를 싫어했던 좋아했던 간에 모두 아버지 중종대왕을 모셨던 이들 아니겠는가! 나는 이들과 함께할 것이니 이상한 소문이 안 나오도록 조심하라!"

"성은이 망극하옵니다."

인종은 영의정이나 우의정 등 지위 높은 신하들을 대할 때도, 낮은 신분의 궁녀들을 대할 때도 항상 웃는 얼굴로 예를 갖춰 대했다고 해요. 그래서 궁궐 내 모든 사람들이 인종을 존경했다고 합니다.

그러나 인종에게는 한 가지 치명적인 문제가 있었어요. 바로 건강이에요. 어려서부터 건강이 좋지 않기도 했고, 아버지 중종이 돌아가신 뒤에는 거의 먹지도 자지도 못하며 장례식을 치러서 건강이 급속도로 나빠졌어요. 그럼에도 그는 절대 티를 내지 않고 임금으로서 열심히 일을 했어요. 그러나 인종의 몸은 점점 말라갔고 결국 쓰러집니다. 당시는 날씨가 더운 여름이었어요.

"전하! 전하! 신이 보이시옵니까?"

"여기가 어디냐?"

"이곳은 경회루이옵니다. 날이 너무 더워 아무래도 경복궁에서 가장 시원한 경회루로 전하를 모셨사옵니다."

"그래 고맙다. 나는 곧 일어날 것이니 너무 걱정 말거라."

"전하! 일어나지 마소서. 안정을 취하셔야 하옵니다."

성군 인종이 생을 마감한 경복궁 청연루

하지만 시간이 지나도 인종의 건강은 회복되지 않았어요. 어의는 인종에게 말합니다.

"전하, 아뢰옵기 송구하오나 이곳 경회루는 바람이 잘 통해 시원하긴 하나 너무 커서 어수선한 듯하니 차라리 규모가 작은 누각으로 옮기심이 어떠하신지요?"

"나는 이곳 경회루도 괜찮으나 그것은 어의가 판단하라."

"전하, 그럼 청연루가 적합할 듯하옵니다. 청연루는 규모도 작고 주변이 모두 담으로 둘러싸여 조용하옵니다. 아무래도 심신 안정에는 더 좋을 듯하옵니다."

"그럼, 그리하라."

그렇게 청연루로 옮긴 인종이지만 병세는 오히려 심해졌습니다. 몸은 점점 야위고 심지어 기절하는 횟수도 늘어갔어요.

"전하! 신의 목소리가 들리시옵니까? 뭐하느냐? 어서 어의를 불러라!"

그렇게 하루하루 병과 사투를 벌이고 있던 인종은 어느 날 주요 신하들을 부릅니다.

"전하! 신들이옵니다."

신하들의 모습을 본 인종은 내시들의 부축을 받으며 힘겹게 일어납니다.

"다들 왔는가? 임금으로서 옷도 제대로 차리리 못 하고 대신들을 보는 게 너무 민망스럽구나."

"성은이 망극하옵니다. 부디 옥체를 보살피시옵소서!"

"내 경들을 부른 이유는 다름이 아니라…. 내 동생 경원대군에게 옥새를 주려는 문제 때문이다."

"전하! 천부당 만부당한 말씀이옵니다. 아직 젊으신데 어찌 후계자를 언급하시옵니까?"

"경들은… 내 모습을 한번 보라. 나는 절대 오래 살 수 없다. 내 몸은 내가 잘 안다. 만약 내가 후계자 없이 죽으면 궁궐 안이 얼마나 혼란스러워지겠는가! 이건 모두 나라를 위한 나의 결정이니 부디 경들은 나의 의견을 존중해 주길 바란다…."

"전하!!"

실제로 조선왕조실록을 보면 이날 뼈만 남아 있는 인종의 모습에 모든 신하들이 눈물을 흘렸다는 기록이 남아 있어요.

"지금 당장 경원대군에게 옥새를 넘긴다는 문서와 옥새를 가지고 오라…."

많은 이들의 바람에도 불구하고 결국 인종은 임금이 된 지 8개월 만에 경복궁 청연루에서 돌아가시고 말아요. 당시 나이가 불과 31살이었으니 너무 안타까운 죽음이 아닐 수 없어요. 인종의 죽음에 궁궐 내 모든 사람들은 대성통곡을 했다고 합니다. 이뿐만이 아니에요. 백성들 역시 경복궁 담장 밖으로 몰려와 슬퍼했다고 해요. 이 모습을 본 사관(역사를 기록하는 신하)은 당시의 모습을 이렇게 적었어요.

"1545년 임금님께서 돌아가셨다. 돌아가시던 날에 경복궁 밖에는 수많은 사람들이 모여들었는데 양반 선비들은 물론이고 미천한 신분의 백성들까지 거리를 메워 누구나 다 가슴을 치고 슬퍼하였다. 전하께서 임금이 되신 지 1년도 못 되었는데도 불구하고 전하에 대한 백성들의 마음이 이러하다. 그들의 모습에 너무 슬퍼 차마 붓을 들지 못하겠다."

인종이 생을 마감한 곳은 경복궁의 청연루예요. 만약 인종이 조금 더 살아 많은 업적을 남긴 왕이 되었다면 조선왕조의 운명은 어떻게 되었을까요? 청연루를 바라보면 왠지 눈물이 납니다.

경복궁 청연루의 구조

인종이 돌아가신 청연루는 경복궁 경회루와 같은 구조의 건물이에요. 'OO루'라고 칭하는 건물은 1층이 기둥으로 되어 있는 2층 건물을 말해요. 특히 2층은 사방이 뚫려 있고 바닥에는 나무 마루가 깔려 있어요. 청연루는 평상시에는 닫혀 있고 더우면 창문을 모두 열 수 있습니다. 그러니 여름에 시원하게 쉬는 장소로 사용되었겠죠?

경복궁 청연루 내부

13

명종
어머니의 국정농단으로 퇴보된 역사

경복궁 대화재

인종은 자식이 없었기 때문에 문정왕후의 아들인 경원대군에게 옥새를 넘겼
어요. 그가 조선 제13대 임금 명종이에요. 명종 시대에 가장 안타까운 역사는
1553년에 일어난 경복궁 대화재예요.

"전하! 큰일 났사옵니다. 경복궁에 불이 났사옵니다!"

"뭐라? 불? 어느 정도인가?"

"지금 강녕전은 물론이고 사정전까지 모두 불길에 휩싸였사옵니다."

"그럼 선대왕들의 유품은 어찌 되었느냐? 어서 빼내어라! 어서!"

"지금 그러고는 있으나 불길이 워낙 강해 힘들다 하옵니다. 혹시 몰라 건진 보물은 모두 경회루 연못으로 던지고 있사옵니다."

"이를 어쩐단 말이냐!"

경복궁 화재는 단지 건물이 불탄 것으로 끝난 게 아니었어요. 건물이야 다시 지으면 되지만 문제는 태조부터 인종까지 무려 150년간 왕실이 간직했던 문화재들도 모두 불타버린 거예요. 태조대왕이 입었던 곤룡포, 세종대왕이 직접 쓰신 책, 세조대왕이 사용했던 활, 자격루 같은 과학 기구들은 물론이고 중

화재 예방의 상징, 드므

경복궁의 근정전이나 창덕궁 대조전에 가면 건물 앞쪽으로 큰 그릇이 있어요. 항상 물이 채워져 있는 이 그릇을 '드므'라고 부릅니다. 드므를 둔 이유는 화재를 예방하기 위함이라고 해요. 옛날 사람들은 화재가 불의 귀신 때문에 일어난다고 생각했는데 불의 귀신이 왔을 때 그릇 안 물에 비친 자신의 모습을 보면 너무 놀라 도망쳤다고 합니다. 물론 미신에 불과한 얘기지만 사람들은 드므를 보면서 한 번 더 불조심을 하자고 생각했을 겁니다.

창덕궁 인정전 앞 드므

국 황제나 일본 왕에게 받은 선물까지, 돈으로 살 수 없는 진귀한 보물들이 모두 한줌의 재가 되어버렸죠.

국정 농단의 주인공, 문정왕후의 최후 – 창덕궁 소덕당

명종이 왕이 되었을 때 나이가 고작 12살이었어요. 지금으로 치면 초등학교 5학년 나이였어요. 그러니 모든 일은 어머니인 문정왕후에 의해 행해졌죠. 인종이 죽고 친아들이 왕이 되었으니, 당시 인종의 갑작스러운 죽음에 문정왕후가 연관되어 있다고 믿는 사람들이 많았다고 합니다. 소문에는 문정왕후가 인종을 너무 싫어했는데 어느 날 갑자기 웃음을 지으면서 이렇게 얘기했다고 해요.

"주상, 건강은 어떠시오? 이건 어미가 직접 만든 떡이오. 한번 들어보시오!"

"어마마마! 망극하옵니다. 소자, 맛있게 먹겠사옵니다."

그리고 며칠 후 인종은 갑자기 쓰러져 죽었다고 해요. 평상시 워낙 욕심이 많았던 문정왕후는 드디어 때가 왔다고 생각했을 거예요. 아들인 명종이 어리니 대신 왕 역할을 할 수 있고, 그러면 모든 권력이 자신의 손안에 들어오니 말이죠. 특히 문정왕후의 남동생인 윤원형은 누나보다 더했어요.

"이제 모든 것은 누님께 넘어갔으니 이는 또한 나의 것이기도 하다."

당시 사람들은 윤원형을 보고 이런 이야기를 했다고 합니다.

"지금은 문정왕후의 동생인 윤원형의 세상이야! 저 양반에게 잘 보이면 출세는 보장된다고 하더라고."

"윤원형 집 앞에 줄 서 있는 저 사람들이 누구겠는가! 다들 출세하고 싶어서 뇌물을 주려고 하는 사람들 아닌가! 자네도 한자리 얻고 싶으면 뇌물을 드리시게!"

실제로 윤원형의 집에는 사람들의 발길이 끊이질 않았다고 해요.

"대감! 이번 과거에 제 아들놈이 나가는데 잘 좀 부탁드리옵니다. 이건 황금으로 만든 두꺼비인데 대감께 필요할 듯싶어…. 잘 좀 부탁드립니다."

"그래, 내 한번 생각해 봄세! 다음 들라."

"대감! 제 소원이 있다면 고향에 가서 사또를 하는 것이옵니다. 그저 대비마마께 잘 좀 말씀드려주옵시면…. 이건 별것 아닌데, 저희 집안이 가지고 있는 땅 문서이옵니다."

뇌물을 받은 윤원형은 누나인 대비에게 바로 부탁합니다.

"대비마마, 이번에 황해도 지역 관아에 ○○○을 추천하옵니다. 아주 성실하고 괜찮은 자이옵니다. 이 동생을 믿으시고 추천서 한 장 부탁하옵니다. 그리고 이건 대비마마가 쓰시옵소서."

이렇게 뇌물의 일부는 대비전으로 올라가요. 그럼 대비는 명종에게 이야기를 하죠.

"주상, 이번에 이걸 좀 들어주세요!"

"어마마마! 이건 좀 그렇사옵니다. 이미 과거시험에 합격한 자가 있사온데…."

"주상, 지금 이 어미를 무시하는 것이오? 주상이 임금의 자리에 앉은 것도 모두 내가 목숨 걸고 주상을 지켰기 때문이오. 두말

하지 않겠어요. 어서 명을 내리세요!"

"네, 어마마마…."

심지어 문정왕후는 명종이 말을 듣지 않으면 회초리를 들었다고 해요. 그나저나 이렇게 뇌물을 이용해 자리를 차지한 사람이 훌륭한 사또가 되었을까요? 물론 아니겠죠. 그는 뇌물로 쓴 돈을 되찾기 위해 온갖 방법으로 백성들에게 세금을 걷었을 거예요.

"네놈은 왜 세금을 안 내느냐! 죽고 싶은 게냐?"

"사또 영감! 지난달에 다 걷어가서 더 이상 없사옵니다."

"그럼 이놈아! 빌려서라도 가져와야지! 저놈을 당장 하옥하라!"

이런 고을이 전국에 엄청나게 늘어났어요. 그러니 백성들은 점점 살기 힘들어졌어요.

"이러다 우리 다 죽겠어. 차라리 도적이 되는 게 낫겠네! 일 년 내내 농사 지으면 뭐하나! 관아 놈들이 다 빼앗아가니 도대체 나라님은 뭐하는 거여!"

이런 불만이 높아지던 와중에 임꺽정이란 도적이 나타납니다. 임꺽정은 부정부패를 저지르는 사또들만 찾아 관아를 털어 곡식을 백성들에게 나누어준 의로운 도적이었다고 해요. 궁궐에서는 임꺽정을 잡아들이라 난리가 났지만 그는 쉽게 잡히지 않았어요. 왜냐하면 대부분의 백성들이 임꺽정 편이었거든요.

궁궐에서는 난리가 났죠. 문정왕후가 묻습니다.

"도대체 임꺽정이 어떤 놈이길래 법을 어기고 대낮에 감히 관아를 터는 것이오?"

"마마! 황해도의 도적인데 워낙 날쌔서 쉽게 잡지 못하고 있다고 하옵니다."

"감히 대놓고 도적질을 하다니, 당장 군대를 동원해 잡아들이라!"

그 모습을 본 사관은 이런 기록을 남겼어요.

"자신들의 부정부패로 백성들이 죽어가고 있는데 임꺽정 핑계만 대고 있는 모습이 한탄스럽다. 황해도 임꺽정 무리는 불과 몇 명 되지 않지만 그 뒤에는 백성들이 있다는 사실을 왜 모르는가! 흩어지면 백성이고 모이면 도둑이란 말이 있을 정도다."

명종 시대는 그야말로 혼돈의 시대였습니다. 문정왕후와 그 집안 사람들이 너무나 많은 부정부패를 저질렀어요.

문정왕후는 생전에 온갖 권세를 누리다 창덕궁 소덕당에서 생을 마감해요. 지금 소덕당은 사라졌고 그 자리는 넓은 잔디밭으로 변해 있어요. 빈 소덕당 터를 보고 있으면 정치인이 정치를 못하면 백성들이 얼마나 힘들어지는지 다

문정왕후가 승하한 창덕궁 선정전 북쪽 소덕당 터

창덕궁 소덕당을 찾아서

조선왕조실록에는 "창덕궁 소덕당은 선
정전 뒤에 있다"라는 기록이 있어요. 그
래서 선정전 뒤를 가봅니다. 그러나 건물
은커녕 잔디밭만 넓게 자리잡고 있어요.
물론 소덕당의 흔적은 잔디밭 아래 그대
로 남아 있을 겁니다. 옛날 사람들은 건물
을 지을 때 지금처럼 지하를 파지 않았어
요. 그냥 땅을 다지고 기둥을 세웠거든요.
그러다 보니 지금의 잔디밭을 조금만 걷
어내면 그 옛날 문정왕후가 살았던 소덕
당의 흔적이 나올지도 몰라요.

동궐도에 묘사된 창덕궁 선정전과 재덕당(재
덕당은 소덕당의 다른 이름으로 추정된다)

시 한번 느끼게 돼요. 이렇듯 궁궐은 훌륭한 분만이 아니라 역사를 후퇴시킨
이들의 흔적도 있는 곳입니다.

143

14

선조

전쟁을 막지 못해 궁궐을 잿더미로 만들다

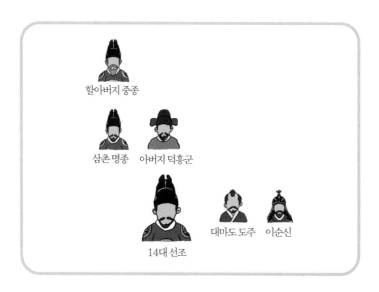

할아버지 중종

삼촌 명종   아버지 덕흥군

14대 선조   대마도 도주   이순신

대마도 도주를 맞이한 장소 – 창덕궁 인정전

명종은 어머니인 문정왕후 때문에 마음고생을 심하게 했어요. 게다가 어린 아들이 저 세상으로 떠나는 슬픔을 겪어요. 결국 아들이 없었던 그는 동생 덕흥군의 아들, 즉 조카에게 옥새를 넘기게 되는데 그가 조선 제14대 임금인 선조입니다.

선조 임금 때 조선의 역사가 바뀌는 엄청난 사건이 일어나죠. 바로 임진왜란입니다. 우리가 흔히 역사 시간에 말하는 조선 전기와 후기의 구분이 바로 임진왜란 이전과 이후를 뜻할 정도로 이 전쟁은 조선의 역사에서 큰 사건이었습니다.

전쟁은 어느 날 갑자기 일어나지 않아요. 반드시 그 전에 여러 가지 정황이 있죠. 임진왜란 역시 마찬가지였어요. 전쟁이 일어나기 3년 전, 대마도 도주(지금의 도지사)가 창덕궁으로 선조를 만나러 와서 이 사실을 알려요. 당시만 해도 대마도 사람들은 일본보다 조선과 무역을 하며 살았기 때문에 조선과도 아주 가까운 사이였습니다.

"전하, 대마도 도주 들었사옵니다."

창덕궁의 정전 인정전 내부. 정전은 임금이 외국 사신을 맞이하는 장소이다.

"들라 하라!"

"전하! 일본은 조만간 명나라를 침략할 것이옵니다. 이때 반드시 조선을 거쳐 갈 것이니 부디 만반의 준비를 하시옵소서."

"전쟁? 아니 일본이 감히 명나라를 침략한다고? 그것이 말이 되는가! 그건 그냥 협박인 듯싶다."

선조의 대답에 당황한 대마도 도주는 다시 이야기하며 조총을 건넵니다.

"전하! 이건 일본 군인들이 가지고 있는 무기인데 날아가는 새도 떨어트린다 하여 이름이 조총이옵니다. 이 조총은 기존의 활과는 차원이 다른 무기이옵니다. 그들은 이 조총으로 조선은 물론 명나라까지 진격할 태세이오니 부디 전쟁 준비를 하소서!"

"선물은 고맙다만 우리 조선에는 이보다 훨씬 큰 대포들이 있다."

선조와 신하들은 대마도 도주의 경고를 무시했습니다. 이때가 임진왜란 3년 전이었습니다.

선조가 그들을 맞이했던 곳이 바로 창덕궁 인정전입니다. 정전은 즉위식 같은 행사를 하거나 대마도 도주처럼 외국 사신들이 오면 환영식을 하는 장소였어요. 만약 이곳에서 선조가 조총의 무서움을 조금이라도 깨달았다면, 그리고 일본의 경고를 심각하게 생각하고 준비했다면 그렇게 많은 조선의 백성들이 죽지는 않았을 거예요.

불타버린 조선의 궁궐들

———

대마도 도주의 경고 이후에도 조선은 한 번 더 기회가 있었어요. 이미 일본을 통일한 도요토미 히데요시는 조선에 경고를 했거든요. 그러나 선조와 신하들은 모두 이를 무시했어요. 백번을 생각해도 안타까운 역사가 아닐 수 없습니다.

임진왜란 당시 경복궁, 창덕궁, 창경궁이 모두 불에 탔다.

1592년 5월, 일본은 군대를 이끌고 부산으로 쳐들어와요. 심지어 그때까지도 조선의 임금과 신하들은 일본을 무시했어요. 하지만 일본군의 군사력은 상상 이상이었죠. 조총이란 신무기를 이용해 빠른 속도로 한양으로 진격하고 있었어요. 결국 선조는 피난을 결정하기에 이릅니다.

"전하! 경상도와 충청도가 이미 적의 수중에 들어갔고 곧 한양으로 진격한다고 하옵니다. 아뢰옵기 송구하오나 지금 당장 한양을 떠나야 할 듯하옵니다."

"이런 변이 있나! 다른 방도는 없는 것이냐?"

"전하! 시간이 없사옵니다. 일단 피난을 떠나시고 훗날을 도모하시옵소서."

"어찌 이런 일이…."

다음 날 새벽, 그날따라 비가 엄청 내리고 있었어요.

"준비는 되었느냐? 어찌 인원이 이것밖에 없는 것이냐?"

"전하! 죽여주시옵소서! 전하께서 피난을 떠난다는 소문이 돌자 궁인들이 모두 도망쳐…."

"아니다! 이 모든 죄는 내게 있는 것이다. 어서 출발하자!"

기록을 보면 당시 선조를 따랐던 인원은 백 명도 되지 않았다고 합니다. 전쟁이 나니 서로 먼저 도망쳤던 겁니다. 선조 일행은 창덕궁의 정문인 돈화문을

누가 궁궐을 불태웠나?

조선왕조실록에 선조는 비가 엄청 오는 날 새벽에 궁궐을 떠났고 그 궁궐에 성난 백성들이 들어와 불을 질렀다고 나와요. 그런데 일본의 기록은 전혀 달라요. 선조가 도망치고 3일 후에 첫 번째와 두 번째 일본 부대가 도착을 했는데, 그들은 조선 궁궐이 너무 아름답다며 감탄을 한 기록을 남겼어요. 이후 일본의 세 번째 부대가 한양에 도착했을 때 모든 궁궐이 불탔다는 기록이 있죠. 일본의 기록에 의하면 두 번째 부대가 떠나고 세 번째 부대가 도착하기 전에 불이 난 겁니다. 이에 대해 많은 사람들은 일본의 두 번째 부대가 하루를 자고 떠나면서 궁궐에 불을 지른 것으로 의심합니다. 더군다나 전쟁이 나서 피난 가기에 바쁜데, 그것도 비가 세차게 내리는 날 궁궐에 백성들이 불을 질렀다는 것은 상식적으로 생각해도 무리가 있죠. 그렇다면 1년 후 선조가 한양에 돌아왔을 때 불탄 궁궐을 보았고, 사관들이 추측으로 백성들이 불을 지른 것으로 기록하지 않았을까요?

〈조선정벌기〉 그림 속에는 불을 지르고 있는 일본군의 모습이 묘사되어 있다.

통과해 북으로 북으로 피난을 떠납니다.

왕이 떠난 궁궐은 어떻게 되었을까요? 선조가 떠난 이후 200년의 역사를 품은 경복궁, 창덕궁 그리고 창경궁은 순식간에 불타버렸습니다. 당시 누가 궁궐에 불을 질렀는지는 아직까지 정확하지 않지만, 궁궐이 모두 불타버린 사건 하나만으로도 선조 임금은 역사의 죄인인 거지요.

임시 궁궐 - 정릉 행궁

선조는 북쪽으로 피난을 갔고 더 이상 전쟁에서 이길 가능성이 없어 보이자 명나라 황제에게 도움을 요청하기에 이르러요.

"명나라는 우리 조선에게 아버지와 같은 나라이니 분명 도와줄 것이다. 여봐라! 지금 당장 사신을 보내라!"

결과는 어떻게 되었을까요? 명나라에서 군대를 보내주기로 결정이 납니다. 그러나 명나라가 아무런 이유 없이 남의 나라를 도와줄 리 없겠죠? 명나라 입장에서 보면 누가 봐도 일본의 최종 목표는 자기 나라였어요. 그렇다면 일본과의 전쟁을 자기네 나라 땅에서 하는 게 좋을까요? 조선 땅에서 하는 게 좋을까요? 당연히 조선이겠죠. 그래서 조선에 군대를 보내기로 결정한 거예요. 물론 조선의 입장에서는 다행이지만, 임진왜란에서 조선이 패하지 않은 가장 큰 이유는 명나라 군대가 아니라 바로 이순신과 의병들의 활약 때문이었죠. 바다에서는 명량해전, 한산대첩 등 전 세계 해전사에 길이 남을 승리를 거두었고, 육지에서는 의병의 기습이 끊임없이 일본군을 괴롭혔어요. 결국 일본은 명나라로의 진격을 포기하고 조선의 남쪽 지역으로 퇴각합니다.

선조는 겨우 한양으로 돌아왔지만 눈앞에 보이는 건 모두 타버린 궁궐들이었습니다. 당황한 신하들은 임금이 머무를 숙소를 찾다가 지금의 서울시청 근처에 있는 양반 집

들을 개조해 임시 궁궐로 사용합니다. 원래 임금이 여행 중에 잠시 머무르는 곳을 행궁이라고 하는데, 이곳 지명 이름이 정동이라 사람들은 '정동 행궁'이라 불렀어요. 지금의 덕수궁 자리입니다.

"전하! 종묘 사직과 궁궐이 모두 불타버려 폐허가 되었사옵니다. 송구하오나 지금 정동 일대 주택들을 임시로 사용해야 할 듯하옵니다."

"어쩔 수 없지 않느냐. 나의 잘못으로 200년 왕조의 궁궐이 모두 불타버렸다. 죽은 뒤 내 어찌 선대왕들의 얼굴을 뵐 수 있단 말이냐…"

선조가 머물렀던 침전 – 정동 행궁(덕수궁) 석어당

선조는 무사히 한양으로 돌아왔지만 선조와 신하들을 향한 백성들의 불만은 높을 대로 높아졌습니다.

"저 양반들 봐봐! 평상시엔 그렇게 호들갑 떨면서 백성을 위해 어쩌고 했지 왜놈들 들어오니까 제일 먼저 도망쳐! 에잇, 나쁜 놈들!"

"그나저나 소식 들었는가? 지금 남쪽에서는 이순신 장군님이 왜놈들 배를 박살을 내고 있다고 하네. 장군님 덕분에 왜놈들이 아예 조선 땅을 못 밟는다고 하더구만."

"그럼 조선에 있는 왜놈들은 완전히 포위되었겠는데? 아이고, 꼴좋다!"

"천벌을 받을 놈들! 그나저나 우리 장군님 건강하셔야 할 텐데 걱정이야. 장군님 아니었으면 우린 벌써 왜놈들 노예가 됐을 걸? 장군님 만세네!"

이순신의 승전 소식에 백성들은 매일같이 환호했어요. 그럴수록 한양을 버리고 도망쳤던 임금과 신하들은 비교될 수밖에 없었겠죠? 어쩌면 당시 백성들

선조의 침전이었던 정동 행궁(훗날 덕수궁) 석어당

의 마음속 임금은 선조가 아닌 이순신이었을지도 몰라요.

1598년, 왜군이 침략한 이후 6년의 시간이 흘렀어요. 사실상 일본은 전쟁 포기 상태에 이르게 되죠. 일본은 서둘러 퇴각을 하고 싶었으나 이순신은 이를 용납하지 않았어요. 결국 양쪽이 총집결한 마지막 해전을 치르게 됩니다. 노량 해전이에요. 여기서 이순신 장군은 장렬히 전사해요. 이 소식은 곧바로 정동 행궁에 있던 선조에게 전해집니다. 하지만 선조는 매우 이해할 수 없는 반응을 보여요.

"전하! 아뢰옵기 황송하오나 통제사 이순신이 전사했다는 소식이옵니다. 이를 어찌하면 좋겠사옵니까…."

"알았다. 오늘은 밤이 깊었으니 내일 승정원(비서실)에 알려 알아서 처리하도록 하라."

만약 이순신이 없었다면 이미 조선이란 나라는 그때 사라졌을지도 몰라요. 전쟁 최고의 영웅 이순신 장군이 전사한 상황에서 선조는 마치 귀찮은 듯 반응했죠. 이뿐만이 아니에요. 사실 임진왜란 때 자신을 대신해 전쟁터에서 지휘를 했던 이는 세자 광해군이었어요. 당시 세자는 도망다녔던 임금과 전혀 다른 모습이었죠. 그러다 보니 백성들은 선조보다 세자를 더 신뢰했습니다. 그런데 마치 이순신을 보듯 선조는 세자를 못마땅해 했다고 해요.

조선 14대 임금 선조. 그는 막을 수 있었던 전쟁 임진왜란을 방치했어요. 게다가 전쟁이 나니 한양을 버리고 도망칩니다. 그 결과는 어떠했나요? 경복궁,

단청이 없는 석어당

조선시대에 단청이 있는 건물은 절과 궁궐뿐이었어요. 그만큼 단청은 궁궐 건물의 상징이었습니다. 그런데 궁궐을 답사하다 보면 단청이 없는 건물들이 가끔 보여요. 그중 하나가 석어당입니다. 석어당은 옛날에 선조가 머물렀던 곳이죠. 후대 임금들은 이곳을 일종의 문화재처럼 여겼다고 해요. 단청이 없는 이유는 정확하지는 않

지만 아마도 선조가 20여 년간 머물렀던 장소이므로 그 원형을 그대로 남겨두려는 후대 임금들의 의지가 아니었나 생각합니다.

창덕궁, 창경궁 등 200년의 역사를 품은 궁궐들이 한 줌의 재가 되어버립니다.

그런 선조 임금은 1608년 초라한 임시 궁궐의 침전에서 숨을 거둡니다. 이곳은 선조가 마지막을 보낸 석어당입니다. 현재는 400년 전 정동 행궁의 흔적을 찾기가 쉽지 않아요. 단지 지금의 덕수궁 내에 석어당이란 건물이 있어 그 흔적을 조금이나마 찾아볼 수 있죠. 석어당은 한자로 '옛날에 임금이 머물렀던 집'이란 뜻이에요. 여기서 옛 임금은 선조를 말합니다. 선조 이후 창덕궁과 창경궁이 다시 지어졌기 때문이에요. 그날 밤 석어당 방 안에서 선조는 이순신 장군의 전사 소식을 들었을 거예요.

2부

조선
후기

15
광해군

궁궐 때문에 신하들에게 쫓겨난 임금

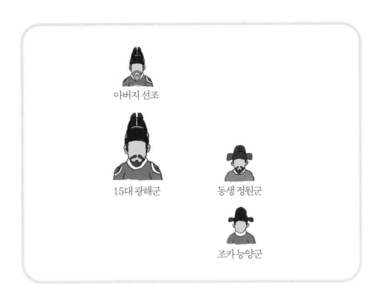

아버지 선조

15대 광해군   동생 정원군

조카 능양군

다시 만들어진 창덕궁과 창경궁

선조는 임시 궁궐이었던 정동 행궁(지금의 덕수궁)에서 돌아가셨어요. 그러다
보니 다음 왕이 될 세자 역시 행궁에서 즉위식을 해야 했습니다. 그가 조선 제
15대 임금 광해군이에요. 연산군이 임금으로서 일을 하지 않고 맨날 놀다가 쫓
겨났다면, 광해군은 궁궐에 집착하다가 쫓겨난 왕이라고 할 수 있어요. 당시 어

떤 일이 있었을까요?

광해군은 아버지 선조가 초라하게 임시 궁궐에서 돌아가신 모습을 보고 궁궐을 다시 짓는 일에 많은 관심을 가졌습니다.

"그래, 창덕궁과 창경궁 공사는 잘 되고 있느냐?"

"아뢰옵기 송구하오나 전쟁이 끝난 지 얼마 되지 않은 탓에 일할 사람과 재료를 구하는 것이 쉽지 않아 공사가 늦어지고 있사옵니다."

"그게 무슨 변명 같지도 않은 답변인가! 나라의 힘은 궁궐에서 나오는 것이다. 제대로 된 궁궐 하나 갖추지 못한다면 그것이 나라인가! 어서 공사에 박차를 가하라!"

이런 광해군의 재촉 덕분에 창덕궁과 창경궁은 간신히 제 모습을 갖추게 되었습니다.

"모두들 수고했다. 다시는 전쟁으로 궁궐이 불타는 일은 없어야 할 것이다.

광해군 시대에 다시 지어진 창덕궁과 창경궁

그나저나 아바마마께서 20여 년 동안 지내셨던 정동 행궁이 번듯한 이름 하나 없이 불려진다는 것이 나는 늘 마음 아팠다. 그래서 이번 기회에 행궁에 정식 궁궐의 이름을 붙여주려 한다."

"지당하신 말씀이옵니다. 소신들이 몇 개의 이름을 지어올리겠사옵니다."

이후 정동 행궁은 경운궁이란 이름으로 불리게 됩니다. 드디어 정식 궁궐이 된 거죠. 그러나 이름만 정식 궁궐이었지 실제로 임금과 신하들이 사용하는 궁궐은 아니었어요. 요즘으로 비유하면 경운궁은 옛날 왕(선조)이 살았던 일종의 문화재 같은 공간이었죠.

인경궁

창덕궁과 창경궁이 완성되었음에도 불구하고 왕의 행동은 좀 이상했어요.

"내가 마음이 놓이지 않는다. 자고로 궁궐이란 만약의 사태에 대비해 반드시 두 곳 이상 있어야 하는데 지금은 창덕궁밖에 없지 않느냐?"

"전하! 창경궁도 있지 않사옵니까?"

"창경궁과 창덕궁은 같은 담 아래 있으니 같은 궁궐이라 할 수 있다. 그래서 창덕궁의 보조 궁궐을 만들 생각이다."

"전하, 전쟁의 후유증이 남아 있는 상태에서 창덕궁도 간신히 완공했사온데 여기에 또 다른 궁궐을 짓는다면 백성들의 원성이 이만저만이 아닐 것이옵니다."

"경들은 어찌 내 마음을 모르는가! 내가 나 좋자고 궁궐을 짓겠는가! 이는 모두 다 왕실과 국가를 위한 일이다."

광해군은 하루 종일 궁궐 생각만 합니다.

"그래, 경복궁 공사 계획은 잘 되어가느냐?"

"전하, 송구하오나 경복궁은 그 규모가 너무 커서 현실적으로 부담이 크옵니다. 그리고…."

"말해 보거라."

"한 무당이 말하길 경복궁은 그 땅이 좋지 않기 때문에 경복궁을 지으면 또다시 전쟁이 일어날 거라 하옵니다."

"그게 사실인가? 그렇다면 경복궁 말고 다른 곳을 찾아보도록 하여라."

왕의 이런 이해할 수 없는 행동에 신하들은 어리둥절합니다.

"전하! 경복궁이 불길하다는 것은 한낱 무당의 이야기인데 어찌 믿으시옵니까. 게다가 경복궁은 200년 조선의 법궁이었으니 경복궁을 다시 세우심이…."

"아니다. 경복궁은 불길하다 하지 않느냐? 다시는 전쟁을 경험하고 싶지 않다! 다른 곳을 알아보거라!"

회의 시간만 되면 궁궐 타령을 하는 왕을 보며 신하들은 한숨만 쉬고 있었습니다.

"전하께서 어찌 이리 궁궐에 집착하신단 말인가! 그나저나 경복궁 말고 다른 궁궐 터를 알아보긴 했는데…."

"주상 전하 납시오!"

"그래, 새로운 궁궐 터는 알아보았느냐?"

"예, 전하! 경복궁 터가 마음에 안 드신다고 하니 차라리 서쪽 인왕산 자락은 어떠신지요?"

"좋다. 경복궁 바로 옆이니 여러 가지로 편리하겠구나. 앞쪽으로는 사직단도 있고. 그래 이곳으로 정해 궁궐 공사를 시작하라!"

이 궁궐의 이름은 인경궁입니다. 익숙하지 않은 궁궐 이름이지요? 하지만 역사적으로 인경궁은 분명히 있었습니다. 조선왕조실록에는 실제로 '인경궁'이라는 궁궐이 기록되어 있습니다.

"인경궁 공사는 잘 되고 있느냐? 여러 건물을 한꺼번에 지으면 늦어질 수 있으니 우선 정전과 편전 같은 주요 건물을 먼저 짓도록 하라!"

그렇게 광해군은 인경궁 공사에 많은 신경을 씁니다.

경희궁

"지금 인경궁 공사가 한창인데 내 개인적으로 마음이 편치 않다. 인경궁은 그 규모가 너무 작다. 혹여나 중국 사신이라도 와서 보게 되면 너무 창피할 것 같다. 그래서 말인데 엊그제 알아보니 인경궁 남쪽에 궁궐 짓기에 아주 좋은 땅이 있다고 한다. 내 그곳에 또 하나의 궁궐을 짓고 싶은데 경들의 생각은 어떠한가?"

"전하! 지금 인경궁 공사도 쉽지 않은데 거기에 또 다른 궁궐을 짓는다는 것은 무리가 있사옵니다."

"아니, 그게 무슨 말인가! 지금 인경궁의 크기를 보면 경복궁의 반도 되지 않는다. 나는 이미 결정했으니 경들은 따르기 바란다."

창덕궁, 창경궁을 짓자마자 인경궁을 짓기 시작했는데 또 다른 궁궐을 짓는다니요. 이에 신하들은 강력히 반대합니다.

"전하! 지금 전하께서 말씀하신 궁궐 자리에는 많은 백성들이 살고 있사옵니다. 그곳에 갑자기 궁궐을 짓기 위해 그들을 쫓아내면 그들의 불만 또한 하늘을 찌를 것이옵니다. 차라리 시간을 두어 나중에…."

"그만하라! 어느 백성이 감히 나라의 궁궐을 짓는데 불만을 갖겠는가! 어서 공사를 시작하라!"

궁궐이란 전체 크기가 작다 하더라도 최소한 수백 채의 건물을 지어야 합니다. 지금으로 치면 수천억 이상의 돈이 들어가는 큰 공사지요. 이 모든 것이 백성의 세금이고 그들의 노동력을 통해서 해야 합니다. 게다가 이미 살고 있는 백성들은 쫓겨나는 신세가 되어야 합니다. 하지만 광해군의 집착은 시간이 지날수록 더 커져갔어요.

"공사는 어떻게 되었느냐?"

"강원도에서 목재를 실어와야 하는 데… 여러 문제가 발생하…."

"뭐라? 곧 겨울 아닌가! 겨울이면 날씨도 추워지고 해도 짧아 공사할 수 있는 시간이 그만큼 줄어드는 것을 모르는가! 내 이번에 직접 공사 현장을 방문할 것이다."

"전하께서 이런 일까지 나서는 것은 모양새가 좋지 않사옵니다. 신들에게 맡겨주소서."

"아니다. 임금이 공사 현장에 직접 나타나면 다들 마음 자세가 달라질 것이다. 다들 행차를 준비하라."

광해군의 고집은 계속 되었고 결국 인경궁 남쪽에 새로운 궁궐인 경희궁이 세워집니다. 궁궐 공사에 이렇게 왕이 신경을 쓰니 다른 곳에 사용되어야 할

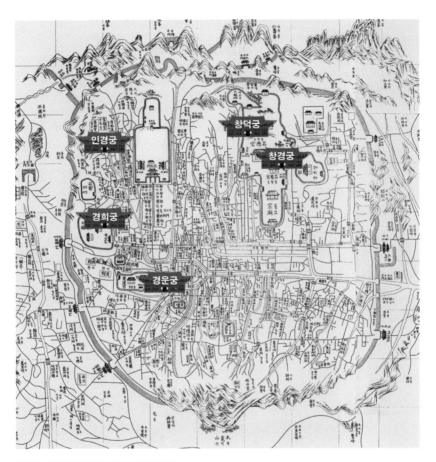

광해군 시대의 궁궐(당시 경복궁은 방치되었다)

서궐도

고려대학교박물관에는 지금으로부터 약
200년 전 경희궁을 묘사한 그림 〈서궐
도〉(보물 제1534호)가 있어요. 경희궁은
경복궁의 서쪽에 위치해 있기 때문이에
요. 이 그림에는 지금 사라진 많은 건물들
의 모습이 아주 자세히 묘사되어 있어요.

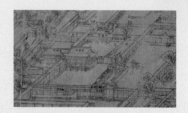

경희궁이 묘사된 서궐도

세금이 모두 궁궐 공사 비용으로 들어갑니다. 신하들과 백성들의 불만은 점점
높아져갔지요.

반란의 시작 – 창덕궁 돈화문

이런 와중에 나라 밖 분위기는 심상치 않게 돌아가고 있었어요. 잠깐 임진왜란
때로 돌아가볼까요?

당시 일본을 통일한 도요토미 히데요시는 명나라를 침략하기 위해 전쟁을
준비했어요. 그런데 일본이 명으로 가려면 조선을 통과해야 했죠. 바로 이 명
나라 침략 전쟁에서 일본이 조선을 공격한 전쟁이 우리가 잘 아는 임진왜란이
에요. 하지만 이 전쟁을 제대로 막지 못한 조선은 명나라에 지원 요청을 했고
명나라 군대가 조선에 들어와요. 여기서 명나라 군대가 조선에 군대를 보내준
이유는 어차피 조선이 뚫리면 명나라 영토에서 일본과 전쟁을 치러야 하기 때

광해군 시대의 명나라와 청나라

문에 차라리 전쟁을 조선 영토에서 끝내기 위함이었어요. 어쨌든 전쟁은 이순신의 활약으로 끝이 났어요.

그런데 임진왜란 이후 명나라는 점점 망해 갔어요. 대신 명나라 위쪽에 있던 청나라(후금)가 세력을 키워 오히려 명나라를 공격하려 하고 있었어요. 이제 조선은 청나라와 명나라 사이에서 선택을 해야 했어요. 점점 커져가는 청나라와 손을 잡아야 하는가? 아니면 다 망해 가는 명나라와 손을 잡아야 하는가? 여러분은 어떤 선택을 하시겠어요? 당연히 청나라겠죠? 광해군도 그렇게 생각했어요. 그러나 대부분의 신하들은 그렇지 않았어요.

"전하! 임진왜란 때 우리를 도와준 나라는 명이옵니다. 명은 우리의 부모와 같은 나라이옵니다. 이번에 오랑캐(청나라)가 명을 침략한다고 하오니 나라가 망하는 한이 있어도 우리는 명나라를 도와야 하옵니다."

이에 광해군은 머뭇거려요.

"명나라가 아무리 임진왜란 때 도와줬다고는 하나 지금 상황을 보면 청나라가 훨씬 강하고 명나라는 얼마 못 갈 것 같은데 만약 여기서 우리가 명나라를 도와주면 청나라가 가만히 있지 않을 것이다. 만약 청이 이를 핑계로 우리를 침략하면 우리가 막을 수 있겠는가!"

"전하! 그렇다고 오랑캐와 손을 잡을 수는 없지 않사옵니까? 목숨이 다하는 한이 있어도 명을 도와야 합니다."

당시 청나라의 군사력은 명나라와 비교도 안 될 만큼 강했어요. 하지만 신하늘은 계속 명나라를 돕자고 합니다. 게다가 광해군이 워낙 궁궐에 돈을 많이 써서 왕에 대한 불만이 매우 높은 상태였어요.

"전하께서 어찌 이럴 수가 있단 말이오. 오랑캐랑 친하게 지내자고 하다니 나는 도저히 전하의 생각을 지지할 수 없소."

"나도 마찬가지요. 왕이 된 후 매일같이 궁궐 이야기만 하더니 이제는 나라를 오랑캐에 넘기려 하지 않소. 이대로 있다간 나라가 망할 것 같으니 이제 우리들이 결단을 내려야 할 것 같소."

이렇게 신하들은 또다시 반란을 준비합니다.

"왕을 쫓아내자는 말씀이오? 그럼 누구 좋은 후계자라도?"

"바로 주상의 동생인 정원군의 아들인 능양군이오! 내 이미 능양군과는 이야기를 끝냈소. 이제 군사를 모아 저 무능력한 임금만 끌어내리면 일은 끝나오!"

1623년 당시 광해군은 창덕궁 후원에서 술을 마시고 있었습니다.

"전하! 큰일 났사옵니다. 지금 몇몇 신하들이 군대를 이끌고 창덕궁으로 진격하려 한다고 하옵니다. 이건 반란이옵니다. 어서 피하시옵소서!"

"반란? 걱정 말거라! 설마 저들이 그러겠느냐! 그냥 성을 지키는 군사들에게 경계를 강화하라 전하라."

"전하…."

반란군들은 이미 한양의 북대문을 지나 창덕궁 돈화문 앞에 와 있었습니다. 그러자 갑자기 돈화문이 열리기 시작합니다. 궁궐 문을 지키는 대장이 반란군과 짜고 문을 열어준 겁니다.

"다들 들거라. 지금 주상은 감히 명나라를 배신하고 오랑캐인 청과 손을 잡으려 한다. 게다가 매일 궁궐 공사에만 신경을 쓰고 있으니 더 이상 방치하면

인조반정의 현장이었던 창덕궁의 정문 돈화문

이 나라 조선은 결국 망하고 말 것이다. 그러니 지금 이 자리에 있는 모든 이들은 나라를 구하는 마음으로 임금을 찾아라!"

돈화문이 열리면서 반란군들은 창덕궁 곳곳으로 흩어져 임금을 찾아 나섰습니다.

"전하! 피하시옵소서! 지금 반란군이 창덕궁을 포위하고 전하를 찾고 있사옵니다."

"뭐라? 아니 이럴 수가! 그럼 나는 어떻게 하면 되겠느냐?"

"전하! 우선 옥새를 챙기시고 소인 등에 업히시옵소서!"

그렇게 내시와 함께 창덕궁 후원 담을 넘어 도망친 광해군은 다음 날 잡히고 맙니다. 반란군은 광해군의 옥새를 빼앗아 반란의 주동자였던 조카 능양군에게 넘기니 그가 다음 왕인 인조가 됩니다. 이 사건이 '인조반정'입니다.

인조반정은 후에 또 다른 비극을 낳았습니다. 인조를 왕으로 만든 신하들은 망해 가는 명나라를 택하고 결국 청나라의 침략을 받죠. '병자호란'입니다. 이 전쟁으로 무려 60만 명의 조선 백성들이 포로로 끌려가거나 죽임을 당해요.

만약 그날 밤 이 돈화문이 열리지 않았다면, 그래서 계속 광해군이 왕을 했다면 병자호란은 일어나지 않았을지도 몰라요.

그날 밤 돈화문은 지금 우리가 보고 있는 바로 그 돈화문입니다. 목조 건물이 무려 400년의 시간 동안 큰 사고 없이 버틴다는 것은 기적에 가까울 정도로 대단한 일이에요. 나중에 창덕궁을 방문한다면 꼭 한번 만져보세요. 그날 밤 반란군들의 함성을 느낄 수 있을 거예요.

16
인조

청나라에 옥새를 넘기다

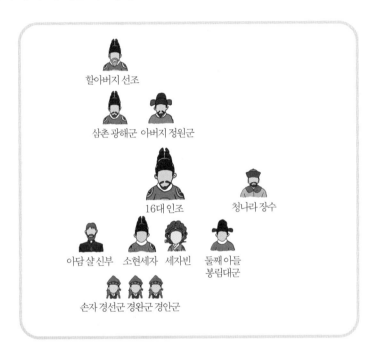

할아버지 선조

삼촌 광해군 아버지 정원군

16대 인조　　　청나라 장수

아담 샬 신부 소현세자 세자빈 둘째 아들
봉림대군

손자 경선군 경완군 경안군

사라진 궁궐 - 인경궁

반란을 주도한 사람들은 창덕궁에서 도망친 광해군을 찾아 그의 옥새를 빼앗
은 후 광해군의 조카에게 넘깁니다. 그가 조선 제16대 임금 인조입니다. 인조

는 중종(중종반정) 이후 신하에게 옥새를 받은 두 번째 왕이 되었어요. 인조는 신하들에게 이런 명을 내립니다.

"경들도 알다시피 광해군은 너무나 많은 궁궐을 지어 백성들을 힘들게 했다. 그래서 그가 지었던 궁궐 중 인경궁을 없애려고 한다. 어떻게 생각하는가?"

"지당하신 말씀이옵니다. 폐주(광해군)는 임진왜란 이후 힘든 상황 속에서도 백성들이 힘들게 낸 세금을 이용해 궁궐을 짓는 데만 사용했사옵니다. 다만 그냥 없애버리면 낭비이니 인경궁의 건물들을 해체해서 그 자재를 창덕궁으로 옮기는 것이 어떠하온지요?"

"그렇게 하라."

"성은이 망극하옵니다."

인경궁 건물의 흔적

인경궁은 광해군에 의해 지어진 궁궐이지만 정작 광해군은 한 번도 사용해 보지 못하고 쫓겨나는 신세가 되었어요. 광해군 다음 즉위한 인조는 인경궁을 가끔 사용하긴 했으나 여러 이유로 인경궁 건물들을 헐어 그 자재를 창덕궁과 창경궁으로 옮기게 됩니다. 그 뒤 인경궁은 완전히 사라진 궁궐이 되었지만 그 흔적이 지금 창덕궁에 있습니다. 창덕궁의 편전인 선정

인경궁 건물이었던 창덕궁 선정전

전이 화재로 사라졌을 때 인조가 인경궁의 편전(임금의 사무실)인 광정전을 옮겨왔기 때문이에요. 그러니까 지금 창덕궁의 선정전이 유일하게 남은 인경궁의 건물이에요.

인조의 명령으로 이후 인경궁의 건물들은 하나둘씩 헐리기 시작해 지금은 완전히 사라진 궁궐이 되었습니다. 만약 광해군이 쫓겨나지 않았다면 지금 서울에는 경복궁, 창덕궁, 창경궁, 경희궁, 덕수궁 그리고 인경궁까지 총 6개의 궁궐이 있을 뻔했네요.

극복하지 못한 역사, 병자호란 – 창경궁 양화당

광해군은 청나라와 명나라 사이에서 눈치를 보며 조심스럽게 외교를 했고 이에 불만을 품은 신하들이 광해군을 쫓아내고 인조를 왕으로 만들었어요. 그러다 보니 인조 때는 광해군의 정책을 모두 없애버리고 다시 오랑캐라 여기던 청나라를 무시하기 시작했어요.

"전하! 광해군은 감히 명나라를 배신하고 오직 오랑캐(청나라)만을 따르려 했사옵니다. 이는 지난 200년간 조선을 지켜준 명나라에 대한 배신 아니옵니까? 그러니 명나라에 사신을 보내 전하의 마음을 전해 주소서!"

"그럼 청나라가 가만히 있겠는가? 지금 상황을 보니 청나라가 명나라를 거의 점령한 듯싶은데…."

"전하! 명나라가 없는 조선은 상상할 수 없사옵니다. 나라가 망하는 한이 있더라도 명나라와의 의리를 지켜야 하옵니다."

"그럼, 그리하라!"

이 소식을 들은 청나라 왕이 가만히 있을 리 없었겠죠? 화가 난 청나라 황제는 인조에게 편지를 보내요.

"조선의 왕은 들으라! 이 세상에 영원히 약한 나라도 영원히 강한 나라도 없다. 너희 조선은 예로부터 명나라를 섬기고 있는 것을 나는 알고 있다. 하지만 지금 명나라는 망하기 직전에 있다. 이래도 의리 하나로 명나라를 따르겠는가? 지금 명나라를 따르면 우리와 원수가 되는 길이다. 지금 네가 주변 신하들의 말만 듣고 우리와 적이 된다면 이는 결국 전쟁으로 이어질 것이고 죄 없는 네 백성들은 죽게 될 것이다. 다시 한번 말하지만 이것은 내 탓이 아니라 실로 네 (인조)가 자초한 것이니 그리 알라!"

이 편지처럼 청나라는 몇 번이고 조선에 경고를 보냅니다. 그러나 이런 경고에도 인조와 신하들은 오직 명나라를 따릅니다.

1636년 병자년에 대규모의 청나라 군대가 조선을 침략합니다. '병자호란'입니다. 임진왜란이 끝난 지 얼마 되지 않았는데 또다시 대규모 전쟁이 터져버립니다. 생각해 보면 임진왜란 전 분명 일본의 경고가 있었지만 조선이 이를 무시했고, 이번에도 청나라가 역시 여러 번 경고를 했는데도 조선은 이를 무시했어요. 결과는 처참한 전쟁이었습니다.

임진왜란 때 한양을 버린 선조처럼 인조 역시 한양을 버리고 남한산성(현재 경기도 광주시)으로 피난을 떠납니다. 군사력으로 보면 비교가 되지 못한 조선 군대였습니다. 추운 겨울 인조와 신하들은 남한산성에 완전히 고립되어버립니다.

"내가 지금 무엇을 해야 하는가…."

"전하! 끝까지 버티셔야 하옵니다. 어찌 오랑캐에게 머리를 숙일 수 있겠사옵니까?"

"아니옵니다. 지금 대세는 명이 아닌 청이옵니다. 항복을 하소서! 이것만이 나라를 구하고 백성을 구하는 길이옵니다."

신하들은 피난 중에도 서로 자신의 주장을 굽히지 않고 싸웠습니다. 백성들은 청나라 군대에 끌려가며 온갖 수모를 당하고 있는데 말이죠. 결국 인조는 항복을 결심해요. 남한산성을 나와 청나라 황제가 와 있는 삼전도로 나갑니다.

삼전도 항복 장면

"조선이 지금이라도 이렇게 항복을 하니 다행이다."

"황제의 은혜가 망극하옵니다!"

"항복 의식을 행하라!"

그러자 인조는 무릎을 꿇은 채 세 번 절하고 아홉 번 머리를 땅에 댑니다.

"항복이오! 항복이오! 항복이오!"

그러고는 자신의 옥새를 청나라 황제에게 바칩니다. 정말 굴욕이 아닐 수 없습니다. 왕이 옥새를 바쳤다는 것은 사실상 모든 것을 청나라에 넘긴다는 뜻이에요.

삼전도에서 수모를 당한 인조는 궁궐로 돌아오는 길에 청나라 군대가 휩쓸고 간 한양의 모습을 봅니다. 여기저기 불탄 흔적에 흩어져 있는 백성들의 시체들로 임금이 도망친 한양은 지옥 그 자체였어요. 한 노인은 왕을 보고 울부짖으며 이렇게 이야기했어요.

"우리 임금이시여! 우리 임금이시여! 우리를 버리고 가십니까! 우리를 살려 주소서."

인조는 차마 그들을 쳐다보지 못한 채 창경궁 양화당으로 돌아왔습니다.

그러나 치욕은 여기서 끝나지 않았어요. 다음 날 청나라 황제는 장수 한 명을 인조가 있는 창경궁 양화당으로 보내요.

"전하! 청나라 장수가 도착했사옵니다."

"들라 하라."

"우리 황제께서는 청과 조선이 군신 관계가 된 것에 대해 매우 기뻐하셨습니다."

"폐하께 진심으로 고맙다고 전해 주시오."

"그리하겠습니다. 그리고 그 증표로 황제께서는 옥새를 돌려주라 하셨습니다."

인조가 항복을 하며 바쳤던 옥새예요. 그러나 청 장수는 그냥 돌려주지 않았어요.

"이 옥새를 주기 전에 반드시 확인을 해야 할 사항이 있습니다."

그러면서 조선이 반드시 지켜야 할 의무 사항을 적은 종이 한 장을 건네요. 인조의 표정은 다시 어두워집니다.

인조가 항복 의식을 한 뒤 돌아온 창경궁 양화당

"앞으로 조선은 무기를 만들면 화살 촉 하나까지 모두 황제에게 보고하라. 앞으로 조선은 정기적으로 청 황제가 요구하는 재물을 바쳐라. 앞으로 조선은 황제가 원하면 언제든 황제를 위해 군대를 파견하라…."

정말 어이없는 요구 사항이 많죠? 하지만 이것이 전쟁에서 진 나라의 현실이에요. 전쟁에서 이긴 나라는 진 나라에 많은 것을 요구할 수 있거든요. 요구서를 보다가 인조는 마지막 사항에서 움찔합니다.

"아니, 이건 좀 지나친…."

그러자 청 장수가 말합니다.

"전하, 전하께서 공식적으로 항복과 함께 사과를 했지만 이를 어떻게 믿을 수 있겠습니까? 그래서 전하의 아들들을 포로로 데려가는 것이니 너무 안타까워하지는 마시옵소서! 전하께서 우리 황제를 배신하지 않는 한 세자와 왕자는 모두 무사히 조선으로 돌아올 것이옵니다."

이곳이 바로 인조가 청나라 장수와 치욕의 대화를 나눈 창경궁 양화당입니다. 참고로 다른 나라에 옥새를 빼앗기고 항복을 한 조선의 왕은 인조가 유일했습니다. 그날 밤 창경궁 양화당에서 인조는 어떤 생각을 했을까요?

이렇게 인조와 신하들의 잘못된 결정 하나로 수십만 명이 넘는 조선의 백성들이 포로로 끌려가 비참한 삶을 살았습니다.

조선의 희망 소현세자 – 창경궁 환경전

세자와 둘째 아들 봉림대군은 포로의 신분이 되어 청나라로 떠나게 됩니다. 떠나는 날 인조는 지금의 경기도 고양시까지 나와 아들들을 배웅했어요.

"아바마마! 너무 걱정 마시옵소서! 잘 다녀오겠습니다."

그러자 인조는 눈물을 흘리며 말합니다.

"힘든 일이 많을 것이다. 그럴 때마다 지나치게 화를 내지도 말고 가볍게 보지도 마라."

이를 본 모든 신하들은 통곡을 했다고 합니다.

먼 길을 떠난 세자 일행은 힘든 여정 끝에 청나라의 수도인 심양에 도착했어요. 그러나 분위기는 예상과 전혀 달랐어요. 청나라는 세자를 감시만 할 뿐 완전히 무시했어요. 집 한 채를 주면서 알아서 살라는 식이었죠. 사실상 방치였습니다.

세자와 세자빈은 너무나 당황스러웠어요. 게다가 가끔 나가본 시장에는 조선의 포로들이 싼 값에 거래되고 있었어요.

"부인, 이것이 조선의 현실이오."

"세자 저하! 저는 마음이 너무 아픕니다…."

그러던 어느 날, 세자 부부는 청나라의 넓은 초원을 보게 됩니다.

"저하, 포로로 끌려온 조선인들을 최대한 모아 이 땅에 농사를 지어보는 건 어떠신지요?"

"가능하겠소?"

"보아 하니 청나라 사람들은 목축만 할 줄 알지 농사를 모릅니다. 하지만 조선의 포로들은 평생 농사를 지은 농사의 달인들 아니옵니까?"

"그거 좋은 생각이오. 작게라도 시작을 해봅시다!"

세자 부부는 조선의 포로들을 최대한 모아서 농사를 짓게 했습니다. 이 생각은 대성공이었습니다. 척박한 땅은 풍요로운 논밭이 되었고, 곡식을 판 돈으로 그들은 더 많은 포로들을 사들여 조선으로 돌려보냈습니다. 더불어 청나라 고위 관료들과 만나며 일종의 외교 활동까지 하게 됩니다.

이즈음 청나라가 명나라를 완전히 멸망시키고 명나라 수도인 북경으로 진격합니다. 당연히 세자 일행도 심양을 떠나 북경으로 가게 되었어요. 난생처음 가본 북경은 그들에게 또 다른 세상이었어요. 여기저기 보이는 서양인들의 모습, 그리고 생전 처음 접하는 과학 기구들까지 낯설고 신기한 것이 많았습니다.

"저하! 이런 세상이 있었습니다."

"그러게 말이오. 정말 조선은 작은 나라였소."

세자가 감탄을 하고 있을 때 즈음 한 청나라 관리의 소개로 세자는 북경에서 선교 활동을 하는 신부님을 만나게 됩니다.

"세자 저하, 이 분은 독일이란 나라에서 온 아담샬 신부이옵니다."

"오! 만나서 반갑소. 그래 신부는 무엇이고 천주교는 어떤 종교요?"

세자는 신부와 대화를 하며 천주교는 물론 발전한 서양 과학 이야기를 듣게 됩니다. 다음 왕이 될 세자가 서양 문물을 접했던 겁니다. 그 자체만으로도 왠지 역사가 바뀔 것 같지 않나요? 세자 부부는 그들과의 만남으로 세상을 보는 생각이 달라지고 있었어요. 그러나 이런 세자의 소식을 전해 들을 때마다 아버지 인조는 얼굴을 찡그렸습니다.

"뭐라? 세자가 매일같이 오랑캐 놈들하고 어울려? 아니 일국의 세자가 어찌 이런 망측한…"

자신에게 항복의 굴욕을 안겨준 청나라 사람들과 친하다는 세자의 소식이 좋을 리가 없었겠죠?

　그렇게 시간이 흐르고 세자 부부는 드디어 귀국을 합니다. 하지만 세자를 바라보는 인조의 얼굴에는 의심이 가득했습니다. 특히 인조의 화를 북돋운 것은 세자가 선물로 가져온 천주교 관련 용품이었어요.

　"전하, 이것은 서양인들이 쓰는 지구본인데 세상에는 너무나 많은 나라들이 있습니다. 그리고 이것은 성모 마리아 상으로 예수라는 신의 어머니이십니다. 예수님은 세상 사람들을 구원해 주는…"

　인조의 표정은 점점 어그러졌어요.

　"뭐라? 예수? 그건 어느 나라의 왕이더냐? 천주교를 믿으면 그자의 백성이 되는 것이냐?"

심양일기 (소현세자가 청나라에서의 생활을 정리한 책)

　"그게 아니옵고…"

　"네 말은 나 말고 또 다른 왕이 있다는 말 아니냐!"

　"오해이시옵니다, 아바마마! 하느님께서는 예수님을 보내…"

　"그 입 다물지 못할까! 감히 임금인 내 앞에서 다른 왕을 섬기려 해? 잘 듣거라, 세자! 역모는 아무리 세자라 해도 용서되는 죄가 아니다. 앞으로 각별히 조심하거라!"

그날도 아버지에게 꾸중을 들은 세자는 동궁인 창경궁 환경전으로 돌아옵니다.

"저하, 표정이 왜 그러시옵니까?"

"부인, 나는 아바마마가 너무 답답하오. 아바마마께서는 하느님을 또 한 명의 임금이라고 생각하시는 것 같소. 어떻게 아바마마께 하느님의 존재를 설득할 수 있을지…."

"평생을 궁궐에서 계신 전하이시니 어찌 천주교를 이해하시겠습니까? 시간을 갖고 천천히 다시 말씀하소서."

하지만 아버지 인조는 절대 세자를 이해하지 못했고, 그럴 때마다 세자는 꾸중을 듣기 일쑤였어요. 그러던 어느 날 세자가 쓰러집니다.

"저하! 저하! 눈을 떠보소서. 저하! 밖에 아무도 없느냐? 세자 저하께서 쓰러지셨다. 어서 어의를 부르거라!"

귀국한 지 한 달째 되던 어느 날, 세자는 이렇게 힘없이 쓰러졌고 다시는 일어나지 못했어요. 세자의 갑작스러운 죽음은 많은 사람들을 놀라게 했습니다. 1645년 조선왕조실록에는 어떤 내용이 기록되어 있을까요?

"세자가 창경궁 환경전에서 죽었다. 심양(청나라 수도)에 있을 때 포로로 잡혀간 조선 사람들을 모집하여 척박한 땅에 농사를 지어 곡식을 쌓아두고 그것으로 무역을 하느라 세자의 숙소는 마치 시장과 같았다. 그러나 임금(인조)은 이 소식을 듣고 매우 불평스럽게 여겼다. 그런 세자가 귀국한 지 한 달 만에 죽었는데 온몸이 전부 검은 빛이었고, 눈, 코, 입에서는 피가 흘러나왔다. 이런 모습에 사람들은 의아해했다."

온몸이 검은 빛으로 바뀌고, 코, 입 등에서 피가 흘러나왔다면 독살이 아닌

소현세자가 청나라에서 돌아온 지 한 달 만에 갑자기 세상을 떠난 창경궁 환경전

가 의심될 만합니다. 실제로 당시 많은 사람들은 세자가 독살당했다고 믿었다고 해요.

소현세자가 갑자기 죽은 곳은 창경궁 환경전입니다. 역사에서 만약이란 말은 있을 수 없지만 그래도 만약에 이미 서양 문물을 접한 세자가 인조 다음 왕이 되었다면 조선의 역사는 어떻게 바뀌었을까요? 그의 죽음이 너무 안타깝게 느껴집니다.

남편만큼 억울한 세자빈 – 창경궁 선인문

세자의 비극은 여기서 끝나지 않았어요. 원래 조선은 큰아들에게 왕위를 물려주는 게 법이었어요. 죽은 세자에게는 세 명의 아들이 있었어요. 그러면 세자의 첫째 아들이 세손이 되고 할아버지 인조의 옥새를 받으면 되는 일입니다. 그러나 인조는 손자들을 무시한 채 둘째 아들인 봉림대군을 후계자로 정합니다.

"전하! 소현세자께는 세 분의 아드님이 계십니다. 당연히 세손마마께서…"

"그만하라! 세손은 너무 어리다! 왕이 어리면 혼란만 계속 될 것이니 나는 둘째인 봉림을 후계자로 정할 것이다."

사람들은 이런 인조의 싸늘한 행동에 놀랐어요. 특히 인조는 죽은 아들의 부인, 즉 며느리도 매우 미워했습니다. 또 어느 날은 갑자기 화를 내면서 말합니다.

"어젯밤 내 전복을 먹으려고 하는데 내 숟가락이 검은 색으로 변했다. 이건 누군가 나를 독살하려는 것 아니더냐! 도대체 누가 내 음식에 독을 탔느냐! 누구더냐! 지금 당장 수라상을 올린 궁녀들을 불러들여라."

임금의 이런 행동에 궁궐은 아수라
장이 되었습니다.

"네년이 나를 죽이려 했느냐?"

"아니옵니다! 소인들이 어찌 감
히…."

"누구더냐? 너희에게 이 일을 시킨
자가! 이야기하지 않으면 모두 죽은
목숨이다. 내 생각엔 세자빈일 듯싶은
데 내 추측이 맞지 않느냐?"

세자빈의 가마가 나갔던 창경궁 선인문

"전하, 아니옵니다…."

"세자빈이 너에게 시킨 것이 맞다! 내 말이 맞으면 내 너희는 살려주마!"

"예… 전하…."

"그래, 그래. 내가 맞았어. 며느리가 나를 죽이려 한 거야! 이건 역모니라! 당
장 세자빈 강씨를 쫓아내고 사약을 내려라!"

실록에는 당시의 상황이 다음과 같이 기록되어 있습니다.

"1646년 의금부 도사가 세자빈 강씨를 검은 색 가마에 싣고 창경궁의 선인
문으로 나갔다. 이 모습을 바라보는 사람들은 모두가 한탄하였다. 아무런 증거
없이 임금의 의심만으로 사람을 죽였기 때문이다."

세자가 의문의 죽음을 당하더니 결국 이번에는 세자빈까지 쫓겨납니다.

이곳은 세자빈이 억울한 누명을 쓰고 쫓겨난 창경궁의 선인문이에요. 인조
의 명에 따라 검은 천을 둘러싼 그녀의 가마는 이 문을 통과했고 그녀는 다시
는 궐 안으로 돌아오지 못했어요. 그리고 더 비참한 일은 세자의 세 아들 중에
큰아들, 둘째 아들 역시 어린 나이에 비참한 최후를 맞게 돼요. 도대체 그들이

무슨 죄를 지었길래 이렇게 죽어야 했을까요? 인조는 청나라 사람들과 친했던 세자와 세자빈을 정말 싫어했나봐요.

17
효종
군사력 강화에 매진한 군사덕후

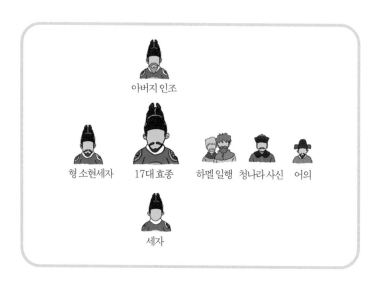

아버지 인조

형 소현세자　17대 효종　하멜 일행　청나라 사신　어의

세자

청나라를 싫어했던 왕 효종 - 창덕궁 희정당

큰아들 집안을 쑥대밭으로 만든 인조는 둘째 아들인 세자를 부릅니다.

"세자, 나는 아직도 오랑캐 놈들의 비웃음을 잊을 수가 없다. 내 생전에 그들에게 복수하지 못한 것이 한스러울 뿐이다. 그러니 네가 반드시 청나라를 공격해 그때 그 수모를 갚아라…."

평생을 오직 청나라에 대한 복수심으로 살았던 인조는 1649년 창덕궁에서 돌아가십니다. 그리고 예정대로 옥새는 둘째 아들에게 돌아가니 그가 조선 제17대 임금 효종이에요. 효종은 형과 함께 청나라로 끌려갔던 경험이 있어요. 그러나 청나라와 친하게 지내는 형과 달리 그는 아버지 인조처럼 청나라를 무척 싫어했어요.

"아바마마! 제가 꼭 군사력을 강하게 만들어 청나라를 공격하겠습니다."

그는 왕이 되자마자 청나라와 친하게 지내자는 신하들을 쫓아내고 자기와 생각이 같은 신하들을 많이 뽑아요.

"나는 반드시 청나라를 정복할 것이다. 지금 당장 성곽을 보수하고 군사력 증진에 만전을 기하라! 특히 조총 훈련은 내 직접 참여하여 지휘할 것이니 그리 알라!"

물론 이런 효종의 노력은 인정받을 만하지만 거대한 청나라를 어떻게 공격할 수 있을까요? 당시는 청나라가 명나라를 멸망시키고 군사적으로 가장 강했던 시대였거든요. 그즈음 급한 문서 한 장이 제주도에서 올라옵니다. 제주목사(지금의 도지사)의 보고서였어요.

"얼마 전 배 한 척이 부서진 상태로 고을 남쪽 해안에 닿았습니다. 그래서 군사를 거느리고 가서 보았는데 어느 나라 사람인지는 모르겠으나 바다에서 살아남은 자가 38명이었습니다. 그들은 말이 통하지 않았고 문자 역시 우리와는 완전히 다릅니다. 외모는 파란 눈에 코가 높고 노란 머리에 옆으로는 구레나룻과 콧수염 등이 있었습니다."

이 소식을 들은 효종은 그들을 한양으로 데려오라 명령합니다.

"지금 당장 박연을 불러들여라!"

박연은 당시 조선인과 결혼한 네덜란드 사람이었어요. 400년 전에도 국제

결혼이 있었다니 신기한 일이죠? 효종은 박
연에게 말합니다.

"저들이 무엇을 하는 사람들이고 조선은
왜 왔는지 물어보거라."

박연은 그들과 한참을 이야기한 후 효종
에게 전합니다.

"전하, 저들은 서양의 네덜란드 사람으로
일본에 장사를 하러 왔다가 표류하여 제주
까지 왔다고 하옵니다."

"저기 저자에게 주로 무슨 일을 했는지
물어보거라."

하멜 동상(네덜란드)

"네, 저자의 이름은 하멜이고 장사를 하는 자이옵니다."

그 사람은 바로 《하멜 표류기》로 유명한 하멜이에요. 효종이 임금이었던 시
대에 유럽에서 가장 강한 나라는 네덜란드였어요. 그들은 배와 포를 잘 만들어
아시아까지 진출했는데, 특히 지금의 마카오를 중심으로 중국, 일본 등에서 장
사를 했다고 합니다. 그런데 중간에 태풍을 만나 표류하다가 제주도까지 오게
된 거예요.

"전하, 이야기를 나눠보니 이들 중에
는 대포를 잘 만드는 자들도 있다고 하
옵니다!"

"대포? 내 요즘 군사력을 강화하기
위해 많은 노력을 하고 있는데 서양 대
포를 잘 다루는 사람이 있다고 하니 저

들에게 포수 일을 시키도록 하여라."

이렇게 해서 조선의 임금은 서양 사람들을 병사로 고용하게 됩니다.

그러던 어느 날 청나라 사신이 창덕궁의 편전(임금의 사무실)인 희정당을 방문합니다.

"전하! 청나라 사신이 도착했사옵니다!"

"어서 오시오, 대인! 요즘 황제께서는 건강하신지요?"

"전하의 염려 덕분에 건강하시옵니다."

"그런데 어인 일로 조선에…?"

"다름이 아니옵고 조선이 군사를 좀 보내주셔야 하겠습니다."

"무슨 일이 있소?"

"요즘 바로 위 러시아라는 나라가 자꾸 영토를 넓혀 우리 국경에까지 이르

효종이 청나라 사신을 만난 창덕궁 희정당

게 되었습니다. 그곳이 조선과 가까우니 조선군과 우리 청군이 힘을 합쳐 싸우면 무찌를 수 있을 듯하옵니다."

청나라의 요구에 효종은 아무 말도 하지 못하고 이에 응합니다.

얼마 전까지만 해도 청나라에 반드시 복수를 해야겠던 모습은 온데간데 없었습니다. 아마 효종도 알고 있었을 겁니다. 작은 조선이 거대한 청나라를 공격할 수 없다는 사실을요. 게다가 당시 청나라는 군사력이 가장 막강했던 전성기였거든요. 그럼에도 불구하고 효종이 청나라에 복수할 것이라며 군사력을 키운 것은 어쩌면 군사력을 이용해 임금의 힘을 과시하려는 면도 있었을 거예요. 임금의 힘은 바로 군사를 동원하는 것에서 나오거든요. 생각해 보면 효종의 아버지 인조도 군사 반란을 일으켜 삼촌인 광해군을 쫓아냈지요? 어느 누구보다도 군대의 중요성을 잘 알고 있었던 왕이 효종이었고, 그래서 효종은 청나라 공격을 핑계로 군사력을 강화했을 거예요. 그러니까 청나라 사신이 왔을 때 아무 소리 못 하고 군사를 보내주겠다고 약속을 하죠.

효종이 청나라 사신을 만나 군대를 파견하겠다고 약속한 곳이 희정당입니다. 희정당 안에서 효종은 굴욕적인 미소를 지으며 청나라 사신을 맞이했을 거예요. 평생을 청나라 정벌을 위해 길렀던 군사로 청나라를 도와주는 이상한 상황이 되었지만 그것이 냉정한 외교의 현실이라는 것을 효종은 잘 알고 있었습니다.

조선 왕실 의료 사고의 현장 - 창덕궁 대조전
———

효종은 마음고생을 참 많이 한 임금이었어요. 아버지 인조는 삼촌을 쫓아내고 왕이 되었죠. 그래서 백성들 사이에 떠도는 말이 많았어요.

"광해군이 뭘 그렇게 잘못해서 쫓겨난 거지? 연산군처럼 흥청망청 맨날 노는 것도 아니고…. 솔직히 말해서 명나라와 청나라 사이에 광해군처럼만 외교를 했으면 병자호란이 일어났겠어? 병자호란 때문에 얼마나 많은 사람이 죽었냐고. 궁궐 짓는 것만 빼면 광해군은 나름 훌륭한 왕이었잖아?"

궁궐에는 아직도 광해군을 쫓아낸 인조에 대해 불만이 있는 신하들도 많았어요. 그런 인조의 아들이 효종입니다. 게다가 이런 이야기까지 돌았다고 합니다.

"원래 지금 임금의 자리는 소현세자의 아들 자리가 아닌가? 세자가 죽었으면 당연히 세손이 옥새를 받아야 하는데, 삼촌(효종)이 임금이 되었으니…."

여전히 궁궐 안팎에서는 죽은 세자와 그 가족들을 불쌍히 여기는 사람들이 많았어요. 이 역시도 효종에게는 스트레스였을 겁니다. 세상 모든 병의 원인은 다름 아닌 스트레스에서 온다고 하죠? 효종도 마찬가지였을 거예요. 더군다나 임금은 아무리 더워도 1년 365일 내내 두툼한 곤룡포를 입어야 하니 땀이 얼마나 많이 났을까요? 그래서 종기는 조선 왕들의 고질병이었다고 합니다. 종기가 나도 건강한 사람은 빨리 낫지만, 면역력이 떨어진 사람들은 상태가 심해져 목숨을 잃기도 해요. 조카인 단종의 옥새를 빼앗은 세조도 종기로 매우 고생한 왕이었어요. 효종 역시 마찬가지였고요.

"전하, 어의 들었사옵니다."

"내 요즘 종기가 얼굴에 번져 눈조차 뜰 수가 없구나."

치료를 마친 어의는 도제조(지금의 보건복지부 장관)에게 말합니다.

"대감, 전하의 종기가 갈수록 심해지옵니다. 이러다 목숨까지…."

"이 사람아! 어의된 자가 어찌 경솔하게!"

"송구하옵니다. 빨리 시약청(응급실)을 설치하여야 하옵니다."

"그럼 모든 사람들이 전하의 위독함을 알게 될 것 아닌가. 그럼 궐내 혼란이 올 것이야. 소문 나지 않게 조용히 치료할 수 있도록 하게."

왕조 국가에서 왕의 건강은 아주 중요했어요. 혹시 왕이 아프다는 소문이 돌면 이 틈을 노려 옥새를 훔쳐갈 수도 있기 때문에 궁궐 분위기가 싱숭생숭해집니다. 그래서 가능하면 왕의 치료는 조용히 하는 경우가 많았다고 합니다. 하지만 효종의 건강은 점점 더 악화되어갔습니다. 온 얼굴에 종기가 나서 고름이 흐르고 있었어요.

"내 몸에 난 종기가 점점 심해져간다. 모든 의원들은 내 종기를 가볍게 여기지 말고 어서 치료하라."

그러자 어의가 특단의 조치를 이야기합니다.

"전하! 송구하오나 종기의 크기가 날로 커지니 침이 아닌 칼로 도려내야 할 듯하옵니다."

"칼이 아니라 더한 것도 상관 없으니 어서 내 얼굴의 종기를 없애거라."

마취약도 제대로 없었던 조선시대에 칼을 이용해 얼굴의 종기를 도려낸다는 것이 얼마나 고통스러운 일이었을까요. 임금의 얼굴에 칼을 대는 어의 역시 긴장되기는 마찬가지였을 거예요.

며칠 후 효종은 명을 내립니다.

"어의는 주저하지 말고 종기를 치료하라."

"전하! 조금만 참으소서. 최대한 빨리 침을 놓겠사옵니다."

어의가 침을 놓자 얼마 후 고름과 피가 쏟아져나왔어요.

"내 고통스럽지만 이렇게 죽은 피가 나오니 마음이 편해지는구나."

그러나 피는 멈추지 않았습니다. 심지어 피가 치솟아 흘렀어요.

효종이 의료 사고로 승하한 창덕궁 대조전

"어떻게 된 것이냐…? 왜 피가 멈추지 않느냐…."

"전하! 전하! 정신 차리시옵소서, 전하!"

결국 1659년 효종은 종기 치료를 받다 침전인 창덕궁 대조전에서 돌아가십니다. 효종처럼 평생을 일만 하고 그로 인한 스트레스로 제명에 살지 못한 왕이 조선왕조에는 매우 많아요. 정말 임금은 극한의 직업인 듯싶습니다.

창덕궁 내의원

조선시대 궁궐 안에는 약방, 즉 내의원이 있었어요. 내의원은 위로는 임금의 건강을 치료하고, 아래로는 백성들의 건강을 돌보는 중요한 관청이에요. 특히 임금의 건강은 극비 중에 극비로 내의원 의원들은 매일 임금의 건강을 체크하죠. 특히 임금의 똥과 오줌은 건강을 체크하는 중요한 기준이 되었어요. 임금은 따로 화장실을 가지 않아요. 신호를 주면 이동식 변기를 이용합니다. 물론 궁녀들이 닦아주기까지 해요. 임금의 똥은 바로 내의원으로 보내지고 의원들은 똥을 관찰하고 냄새를 맡고 심지어 맛도 봅니다. 그리고 모든 것을 기록하죠. 동궐도를 보면 내의원과 함께 약을 빻는 기구와 약초를 끓이는 솥이 그려져 있어요.

창덕궁 약방(내의원)

18
현종
예송 논쟁의 마침표를 찍다

할아버지 인조　　새할머니 장렬왕후

큰아버지 소현세자　　아버지 효종

18대 현종

송시열 허목

경희궁으로의 이전

갑작스러운 의료 사고로 효종이 돌아가시고, 큰아들인 세자가 옥새를 받으니
그가 조선 제18대 현종입니다. 현종은 특이한 기록이 있는 왕이죠. 조선왕조
500년 역사 중 유일하게 외국에서 태어난 왕입니다.

인조가 항복 선언을 한 이후 청나라는 소현세자와 둘째 아들인 효종(봉림대군)을 포로로 데려갔어요. 현종은 아버지인 효종이 청나라 심양에서 생활할 때 태어났어요. 물론 그때만 해도 조선의 왕이 될 거라고는 꿈도 꾸지 못했던 때예요. 그런데 큰아버지 소현세자가 갑자기 죽고, 할아버지 인조가 소현세자의 아들이 아닌 자신의 아버지에게 왕위를 물려주면서 세자가 되었고 결국 왕이 되기까지 합니다.

현종 시대에 조선은 매우 평온했어요. 어느 날 영의정 등이 현종에게 고합니다.

"전하! 지난번 신들이 말씀드린 바와 같이 지금 창덕궁 건물들이 많이 낡아 수리할 건물들이 많사옵니다. 신들이 생각하건대 이번 기회에 경희궁으로 옮기심이 타당하다 생각되옵니다. 경희궁은 창덕궁에 비해 규모는 작지만 인조대왕(현종의 할아버지)께서 처음 사용한 궁궐이기도 하오니 속히 옮기시옵소서."

"알겠다. 그러나 궁궐을 옮기는 것은 결코 쉬운 일이 아니다. 특히 대비마마께서 직접 움직이셔야 하는 일이니 불편함이 없게 만전을 기하도록 하라."

"성은이 망극하옵니다."

임금이 이사를 간다는 것은 간단한 일이 아닙니다. 왕실 가족은 물론이고 상궁과 나인들, 궁궐 안 관청에서 일하는 모든 사람들까지 움직여야 하는 큰일이에요. 어쨌든 현종은 할아버지 인조가 사용했던 경희궁으로 거처를 옮기게 됩니다.

예송논쟁의 장소 – 경희궁 흥정당

경희궁으로의 이사가 확정되었으니 관련
부서들을 중심으로 이사 준비를 시작했어
요. 그런데 이 과정에서 예상치 못한 논쟁
이 생기고 말아요. 역사 책을 보면 자주 등
장하는 단어인 '예송논쟁'입니다.

조선왕실에서 장례식은 매우 중요한 의식이었다.

당시는 현종의 아버지 효종이 돌아가
신 지 얼마 되지 않아서 왕실 사람들, 특
히 대비마마는 상복을 입은 채 가마를 타
야 했어요. 바로 이 상복이 문제였죠. 아버지 효종이 돌아가셨을 때 효종의 어
머니, 그러니까 현종에게는 할머니인 대왕대비마마께서 여전히 살아계셨어요.
조선시대에는 큰아들이 먼저 세상을 뜨면 어머니는 3년간 상복을 입고, 둘째
아들부터는 1년간 상복을 입었어요. 문제는 효종이 둘째라는 점이에요. 여기서
다툼이 시작됩니다. 송시열 등의 신하들은 다음과 같이 말합니다.

"전하! 아버님이신 효종대왕은 인조대왕의 둘째 아드님이시옵니다. 그러니
당연히 대왕대비마마께서는 1년간 상복을 입는 것이 맞사옵니다."

반면에 송시열의 의견에 반대하는 허목은 다음과 같이 말합니다.

"전하! 아니옵니다. 비록 효종대왕께서 둘째이시기는 하나 분명 인조대왕으
로부터 옥새를 받은 세자이셨사옵니다. 세자는 곧 장남을 뜻하는 것이므로 당
연히 대왕대비마마께서는 3년간 상복을 입으셔야 하옵니다."

이를 '예절 예禮, 논쟁 송訟'이라 하여 '예송논쟁'이라고 해요. 현종 시대에는
대왕대비마마의 상복 입는 기간을 놓고 끝없는 논쟁이 이루어져요. 보통 이런

논쟁의 끝은 죽음이에요. 반대파를 계속 몰아서 귀양 보내거나 죽입니다. 이때 임금의 역할이 매우 중요합니다. 만약 임금이 무조건 한쪽 편을 들면 반대편에서 들고 일어서는 혼란이 계속될 수밖에 없어요. 하지만 현종은 현명했어요. 현종은 신하들의 목소리를 잘 듣는 왕이었습니다. 그날도 경희궁의 편전인 흥정당에서 이에 관한 논쟁이 있었어요.

"소현세자가 첫째, 효종대왕이 둘째라는 사실은 변하지 않사옵니다. 그러니 대왕대비마마께서는 1년만 상복을 입으시면 되옵니다. 무엇보다 왕실은 백성의 모범이 되어야 하옵니다. 만약 대비마마께서 3년간 상복을 입는다면 그것은 예법에 어긋나는 일이고, 그럼 어느 백성이 왕실을 따르겠사옵니까. 부디 통촉하여 주시옵소서!"

서울역사박물관 주차장으로 변한 흥정당 터

"전하! 저들의 주장은 틀리옵니다. 왕실을 일반 백성들과 같이 비교할 수 없사옵니다. 왕실에서의 큰아들이란 왕위를 물려받는 자리옵니다. 둘째건 셋째건 세자로 책봉되면 큰아들의 지위를 얻는 것이니 대왕대비마마의 상복은 3년이 맞사옵니다."

"아니 그게 무슨 말도 안 되는 논리란 말이오! 비록 일찍 돌아가셨지만 효종대왕의 형님인 소현세자가 계시지 않았소."

"말이 통하지 않는구려! 전하! 저들의 무례함을 벌하시옵소서!"

묵묵히 듣고 있던 현종은 조용히 이야기합니다.

"우리에겐 영웅이 적군에게는 원수가 될 수 있듯, 세상의 일은 입장에 따라 다양한 생각으로 논의될 수 있는 것이다. 경들은 어찌 나랑 생각이 다르다는 이유로 나쁘다고 말할 수 있는가. 나는 그대들의 모든 행동이 왕실과 나라를 위한 충심에서 나온다고 믿는다. 그러니 차분히 상대방의 입장에서 생각하고 토론해 보는 것이 어떤가?"

이 논쟁에서 현종은 마치 토론의 사회자처럼 서로를 이해시키려 노력합니

다. 그 덕분이었을까요? 많은 논쟁 속에서도 누구 하나 죽음을 당하지 않았다고 합니다. 진정한 리더십을 보여준 거죠.

400년 전 이곳 흥정당에서는 예법에 대해 치열한 논쟁이 있었습니다. 그러나 안타깝게도 흥정당 건물은 일제강점기 때 경희궁 안에 일본인 학교가 들어서면서 학교 건물로 사용되다가 불교 사원의 건물로 팔려나갔고, 지금은 서울역사박물관 주차장이 되었습니다. 비록 터조차 쉽게 찾기 힘든 흥정당이지만 밤새 논쟁하는 신하들을 이해하려 노력하는 현종의 모습이 그려집니다.

서궐도 안의 흥정당

조선시대에는 창덕궁과 창경궁을 경복궁의 동쪽에 있는 궁궐이라 해서 '동궐', 경희궁은 서쪽에 있다 해서 '서궐'이라 불렸습니다. 서궐도는 경희궁을 묘사한 그림인데 흥정당의 모습이 잘 묘사되어 있습니다. 흥정당은 경희궁의 편전인 자정전의 보조 편전으로 침전인 융복전 앞쪽에 위치해 있습니다. 다행히 일제강점기의 흥정당 모습이 사진으로 남아 있습니다.

경희궁 흥정당

서궐도에 그려진 흥정당

19
숙종
장희빈의 시기와 질투에 골머리 앓았던 임금

아버지 현종   어머니 명성왕후

19대 숙종   인현왕후   희빈장씨   숙빈최씨   무당   궁녀들

세자   연잉군
(둘째 아들)

폐허가 된 경복궁 터

현종의 뒤를 이어 세자가 창덕궁 인정전에서 즉위하니 그가 조선 제19대 숙종
입니다. 숙종은 어느 날 임진왜란 관련 기록을 보게 됩니다.

"왜란이 끝난 지 벌써 100여 년이 가까워지는구나!"

"그러하옵니다. 전하!"

"그나저나 왜란 이후 짓지 못한 경복궁은 어찌 되었을꼬…."

"전하, 안타깝게도 지금까지 폐허로 방치되어 있다고 하옵니다."

"아! 안타깝도다! 경복궁은 조선왕조의 법궁 아니더냐! 이번 기회에 경복궁을 다시 지어 왕조의 위업을 세우는 것이 어떠하겠는가!"

"전하! 전하의 마음은 충분히 이해하오나 궁궐을 짓는 것은 천문학적인 세금이 들어가는 일이옵니다. 얼마 전 가뭄으로 힘든 상황에서 멀쩡한 궁궐을 두고 또다시 궁궐을

임진왜란 이후 폐허가 된 경복궁

짓는다면 백성들의 원성이 하늘을 찌를 것이옵니다. 전하, 통촉하여 주시옵소서!"

"아! 안타깝도다. 내 다음 달 초 직접 경복궁에 가볼 것이다."

숙종은 경복궁이 방치된 것을 너무 안타까워했어요. 경복궁은 조선왕조의 상징이며 시작을 알렸던 궁궐이었으니 말이죠. 하지만 돈이 부족하니 아무리 임금이라도 쉽게 짓지 못했던 거예요. 이런 안타까움을 안은 채 숙종은 경복궁 터를 방문합니다.

"전하! 지금 전하께서 계신 곳은 옛날 경복궁의 편전인 사정전이 있었던 곳이옵니다. 사정전을 중심으로 뒤쪽에는 침전인 강녕전 터이옵니다."

"그래, 과거 태종대왕, 세종대왕께서 왕조의 전성기를 이룩하신 곳이 바로 이곳이란 말이지… 아! 안타깝도다! 안타까워!"

폐허가 된 경복궁 근정전

이 그림은 숙종의 아들 영조가 임금이 된 후 경복궁 근정전을 방문하는 모습을 당시 화가가 그린 그림이에요. 근정전은 사라지고 근정전을 받치고 있는 돌 기단과 계단만 남아 있죠? 근정전 앞마당에는 원래 돌이 깔려 있어야 하는데 시간이 흐르면서 소나무가 자라 있는 모습이에요. 이렇듯 많은 왕들이 경복궁을 그리워하며 방문을 했습니다.

숙종의 아들 영조가 경복궁 근정전 터를 방문하는 모습

드라마 같은 장희빈 이야기 – 창경궁 통명전

숙종의 아버지인 현종이 신하들의 이야기를 잘 듣는 선한 성격의 소유자였다면, 아들인 숙종은 성격도 급하고 화도 잘 내는 다혈질이었다고 합니다. 그런 그에게는 마음씨가 너무 착한 왕비 인현왕후가 있었지만 둘 사이에서는 자식이 없었어요. 그런 와중에 숙종은 한 궁녀와 사랑에 빠지게 됩니다. 그녀의 이름은 바로 장희빈입니다.

"고개를 들라. 이름이 무엇인고?"

"장옥정이옵니다."

"오, 그래! 이렇게 아름다운 여인이 있단 말인가!"

그러나 장옥정은 얼굴은 예뻤지만 성격이 좋지 않았어요. 욕심이 너무 많은 여자였습니다. 그런 그녀가 숙종이 그리 바라던 아들을 낳게 됩니다.

"고맙소. 드디어 내가 아들을 보게 되었구려."

"전하! 망극하옵니다. 모두가 전하의 은총 덕분이옵니다. 그린데 전하, 소문에 의하면 지금 중전마마께서는 건강이 좋지 않으시다 하옵니다. 중전이시온데 아드님도 없고…. 저는 너무 안타까울 따름이옵니다."

장희빈은 숙종에게 중전을 쫓아내라는 무언의 압력을 가하고 있었습니다. 심지어 그녀는 숙종의 신하들을 만나고 다녔어요.

"대감, 내가 아직도 후궁으로 보입니까? 나는 세자의 어미입니다. 분명 우리 세자가 왕이 될 터인데…. 내 그때가 되면 대감의 은혜를 잊지 않을 것이니 내 편이 되어주세요. 나는 반드시 중궁전에 들어가야겠습니다!"

숙종이 혹 다른 궁녀에게 눈길이라도 주면 다음 날 바로 궁녀를 불러 매질을 했어요.

"네 이년! 네년이 감히 주상 전하 앞에서 아양을 떨어?"

"아니옵니다. 희빈마마! 억울하옵니다."

"진짜 억울한지는 매를 맞고 이야기를 하자꾸나! 저년을 쳐라!"

게다가 장희빈은 인현왕후에 대한 가짜 소문을 퍼트리고 다녔습니다. 장희빈은 기세등등했어요. 어느 누구도 후궁 장희빈 앞에서 벌벌 떨지 않는 자가 없었습니다. 이제는 신하들마저 장희빈의 편이 되어 있었습니다.

"전하! 지금 중전마마께서는 자식이 없사오니 나라의 미래를 위해서라도 장희빈 마마에게 중전의 자리를 맡기심이 어떠신지요?"

숙종은 처음에는 이를 거부했으나 곰곰이 생각해 보니 맞는 말 같았어요. 결국 숙종은 인현왕후를 쫓아내고 맙니다.

"옛날에도 성종대왕께서는 질투로 죄를 지은 중전 윤씨를 궐 밖으로 쫓아낸 적이 있다. 그런데 지금의 중전 민씨(인현왕후)는 윤씨보다 더하니 내 왕비 민씨를 궐 밖으로 쫓아내 궐내 질서를 바로잡을 것이다. 그리고 희빈 장씨는 좋은 집안에서 태어났고 어려서부터 궐에 들어와 예절을 아는 후궁으로 왕위를 이을 아들까지 있으니 이에 나는 장희빈을 왕비로 삼노라."

드디어 장희빈은 국모가 되었습니다. 하지만 장희빈이 왕비가 된 이후에도 궁궐은 하루도 조용한 날이 없었어요. 장희빈은 성격이 포악하고 욕심과 질투심도 많았어요.

"뭐라? 중전이?"

"중전이 또?"

"이번에도 중전? 아, 내가 사람을 잘못 본 것 같다. 어쩌다 저런 여자가 다 들어왔을꼬."

숙종이 이런 후회를 하고 있을 무렵, 우연히 궁녀 한 명이 기도하는 모습을 봅니다.

"너는 어인 일로 기도를 하느냐?"

"저는 쫓겨나신 중전마마를 모셨던 무수리(궁궐 내에서 온갖 허드렛일을 하는 종)온데, 오늘이 마마님의 생신이어서… 기도를 하고 있었사옵니다….."

"오! 그 마음이 아름답도다."

그렇게 해서 그 무수리는 숙종의 후궁이 되었고 아들(훗날 21대 임금 영조)까지 낳게 됩니다. 정말 드라마 같은 이야기죠? 이 사실을 알게 된 중전(장희빈)은 난리를 칩니다.

"뭐라? 전하께서 나 말고 다른 후궁을? 어떤 년이냐!!!"

장희빈은 또 한 번 궁궐을 뒤집어놓습니다. 이제 숙종은 더 이상 중전 장씨를 두고 볼 수가 없었어요.

"내 분명 몇 번이고 경고를 했고 세자의 어미인 만큼 참고 또 참았느니라. 그러나 이제는 아니다. 중전의 행동이 이미 도를 지나쳤다. 지금 당장 중전을 후궁으로 강등시켜라. 이건 어명이다! 마음 같아서는 당장 쫓아내고 싶으나 아들인 세자를 위해 참는 것이다!"

그리고 쫓아낸 중전 민씨(인현왕후)를 다시 궐 안으로 불러들입니다. 이제 모든 상황이 역전된 겁니다. 다시 궁궐로 돌아온 중전은 눈물을 흘립니다.

"전하의 은혜에 감사할 따름이옵니다."

"아니오, 중전! 모든 것이 나의 오해였소. 이제 편히 궁궐에서 생활하시오. 듣자 하니 요즘 몸이 좋지 않다고 들었소. 이번 기회에 중궁전을 창경궁 통명전으로 옮기는 게 어떻겠소? 그곳은 뒤에 동산도 있고 옆에 작은 연못도 있으니 중전이 쉬기에는 좋을 것 같소."

"성은이 망극하옵니다."

이 소식은 바로 장희빈에게 들어갑니다.

"뭐라? 중전이 창경궁 통명전에? 도저히 참을 수가 없구나! 내 비록 지금은 다시 후궁이 되었지만 반드시 중전 자리를 되찾을 것이야! 듣자 하니 중전이 몸이 좋지 않다며? 지금 당장 무당을 불러라."

장희빈은 무당을 불러 중전을 빨리 죽게 하려고 온갖 해괴한 짓을 합니다. 중전의 얼굴이 그려진 종이를 벽에 걸어놓고 활을 쏘거나 인형을 만들어 칼로 찌르는 등 도저히 상식적으로 이해할 수 없는 짓을 벌였어요. 하지만 그녀가 저지른 진짜 엽기적인 행동은 따로 있습니다.

어느 날 무당이 장희빈에게 말합니다.

"마마! 중전을 죽게 하려면 이 방법을 쓰시옵소서."

장희빈이 인현왕후를 향해 저주를 퍼부었던 창경궁 통명전

"그게 무엇이냐?"

"지금 당장 쥐나 물고기 사체 그리고 사람의 뼈를 통명전 주변에 묻으시옵소서. 그럼 그 저주가 중전의 몸에 들어가 오래 살지 못할 것이옵니다."

"그래? 알았다! 중전 자리만 빼앗을 수 있다면 내 뭔들 못 하겠느냐!"

그리고 결국 그 일을 실행합니다. 그런데 정말 주술이 효과가 있었던 걸까요? 인현왕후의 건강은 점점 악화되어 돌아가시게 됩니다.

하지만 세상에 영원한 비밀은 없다고 하죠. 중전이 돌아가신 뒤 궁궐 안에는 장희빈의 저주로 중전이 죽었다는 소문이 돌기 시작했고 이 소문은 숙종의 귀에까지 들어갑니다. 숙종은 장희빈에게 감정이 좋지 않은 터라 본인이 직접 관련자들을 불러 조사합니다.

"너희들이 바른대로 말하면 목숨은 살려주겠다! 그러나 거짓이라면 어명으로 처결할 것이니 그리 알라. 다시 말해 보거라! 희빈 장씨가 시킨 일이 무엇이냐?"

"희빈 마마께서 소문대로 쥐, 물고기 사체를 통명전과 연못 주변 그리고 뒷계단에 묻으라 하셔서 그리 하였습니다⋯. 전하! 살려주시옵소서!"

"뭐라? 이런 망측한! 당장 희빈을 찾아 무릎을 꿇려라!"

"희빈! 나는 네가 지난날 한 일을 모두 알고 있다. 네가 세자의 어미였기에 지금껏 참았는데 만약 이대로 너를 두면 더 큰 화를 불러일으킬 것이 뻔하니 이번 기회에 그 뿌리를 뽑으려 한다. 지금 당장 희빈에게 사약을 내려라!"

"전하! 살려주시옵소서! 네 이놈들! 어딜 감히!! 내가 세자의 어미니라! 건드리지 말거라! 난 안 마실 것이야! 세자, 세자를 불러줘!"

장희빈은 결국 비참한 생을 마감하게 됩니다.

장희빈이 인현왕후를 저주하기 위해 온갖 나쁜 짓을 저지른 곳이 바로 창경궁 통명전이에요. 통명전 옆에는 아담한 연못이 있고 뒤쪽으로는 꽃이 있는 계단이 있어요. 이 아름다운 건물 곳곳에 그런 걸 묻다니 왠지 등골이 오싹해지네요.

왕의 죽음 – 경희궁 융복전

숙종은 장희빈 때문에 마음고생이 심했는지 본인이 태어난 경희궁으로 이사를 갑니다. 아마 숙종에게는 경희궁이 고향 같은 궁궐일지도 몰라요. 경희궁에서 태어나 인생의 많은 날들을 경희궁에서 보냈거든요. 그리고 경희궁의 대전(임금의 침전)인 융복전에서 생의 마지막 날을 보냅니다.

임금은 어떻게 임종(사람이 죽는 순간)을 맞이할까요? 숙종실록에는 당시의 상황을 자세히 묘사해 놓았는데 간단히 당시의 상황을 재연해서 소개해 드릴게요.

숙종을 진찰한 어의가 경희궁 융복전에서 나오며 말합니다.

"지금 상태가 어떠한가?"

"아무래도 준비를 하셔야 할 듯하옵니다."

"이런 망극한 경우가 있나."

"자네는 어서 세자 저하와 대군들에게 연락해 빨리 궁궐로 드시라 하시게."

참고로 숙종의 아들은 6명이었는데 모두 다 일찍 죽고 2명만 남은 상태였어요. 한 명은 장희빈의 아들인 세자, 그리고 나머지 한 명은 숙빈 최씨의 아들인 연잉군입니다.

임금이 위독하면 군대를 동원해 궁궐 주변을 지키게 해요. 그 이유는 왕이 죽고 며칠 후 열리는 즉위식 사이에 혹시 누군가 궁궐에 침입해 옥새를 훔칠 수 있기 때문이에요. 어의와 세자 그리고 왕자들이 최선을 다해 간호를 했지만 숙종의 숨소리는 점점 가늘어지고 있었어요. 이때 신하들이 다급히 융복전으로 들어옵니다. 그때 옆에 있던 내시가 큰 소리로 숙종에게 고합니다.

"전하! 소인의 목소리가 들리시옵니까? 대신들이 지금 문안을 오셨습니다."

하지만 숙종은 알아듣지 못했어
요. 세자와 숙빈 최씨의 둘째 아들
연잉군은 숙종의 손을 잡고 주무르
며 말합니다.

"이를 어쩝니까! 아바마마의 손가
락이 이미 다 푸른색으로 변했습니
다. 아바마마! 제발 깨어나소서! 소
자가 왔사옵니다. 아바마마!"

지금은 사라진, 숙종이 승하한 경희궁 융복전

그 순간 숙종의 숨소리가 가늘어지더니 갑자기 토를 한 뒤 돌아가시게 됩니
다. 이때 어의는 임금의 코와 입에 귀를 기울여 숨소리가 있는지 확인 후 없으
면 작은 솜뭉치 하나를 숙종의 인중(코와 입술 사이)에 놓고 그 떨림을 봅니다.
만약 숨을 쉬면 솜뭉치가 움직이겠지요. 그러나 더 이상 솜뭉치는 움직이지 않
았습니다. 숨을 거두신 겁니다. 순간 모든 신하들은 엎드려 통곡을 하기 시작해
요. 특히 세자와 왕자들은 머리를 풀어헤치고 통곡을 합니다.

"아이고, 아이고…."

아버지가 돌아가신 것은 자식들이 효를 다하지 못한 것이니 자식들은 죄인
이 된 것입니다. 그래서 속죄의 마음으로 머리를 푸는 것이라고 해요. 이때 옆
에 있는 내시는 숙종의 곤룡포를 들고 융복전 지붕 위로 올라가 곤룡포를 흔들
며 "상위복!"이라고 외칩니다. 상위복은 "주상(임금 상上) 전하여! 자리(자리 위
位)로 돌아오소서(돌아올 복復)!"라는 뜻으로 임금을 떠나보내는 안타까운 마음
을 표현하는 의식이라고 합니다.

1720년 6월 8일 오전 8시경, 숙종은 융복전에서 마지막 순간을 보내셨습니
다. 안타깝지만 숙종이 돌아가신 경희궁 융복전은 지금 남아 있지 않아요. 비록

빈터로 남아 있지만 그날 지붕 위로 올라가 상위복을 외쳤던 내시의 모습이 보이는 듯합니다.

경희궁 방공호

현재 경희궁 내에는 일제강점기 때 만들어진 방공호가 있어요. 방공호는 전쟁 때 적의 비행기 공격을 피하기 위해 만든 지하 공간이에요. 당시 일본은 미국과 전쟁 중이라 방공호를 경희궁 내에 만든 거예요. 그것도 융복전 바로 뒤에 말이죠. 이 방공호는 어떻게 해야 할까요? 이에 어떤 사람들은 우리에겐 너무나 뼈아픈 흔적이지만 이것도 역사의 한 부분이니 남겨둬야

융복전 터. 현재 건물은 사라지고 일제강점기 때 만들어진 방공호만 남아 있다.

한다고 하고, 또 어떤 이들은 방공호는 철거해야 하고 경희궁은 복원되어야 한다는 주장을 해요. 여러분의 생각은 어떤가요?

숙종의 장례식장 – 경희궁 자정전

숙종이 돌아가셨으니 돌아가신 분을 떠나보내는 의식인 장례식을 치러야 합니다. 조선시대에는 대부분 집에서 장례식을 치렀어요. 임금 역시 임금의 집인 궁궐에서 장례식을 치릅니다.

　궁궐 내 장례식장을 '빈전'이라 불러요. 빈전은 임금이 돌아가신 궁궐의 편

전(왕의 사무실)을 사용하는 것이 보통이에요. 숙종은 경희궁에서 돌아가셨으니 경희궁의 편전인 자정전이 장례식장으로 사용됩니다. 세자를 포함한 왕실 가족들은 아버지를 잃은 슬픔으로 정신이 없기 때문에 장례는 영의정, 우의정, 좌의정이 의논하여 의식을 행하게 돼요.

여기서 임금의 호칭에 대해 다시 한번 알아볼게요. 임금의 큰아들이 태어나면 '원자마마'라 부릅니다. 원자가 성장하면 '세자마마'라고 부르지요. 그리고 왕이 되면 '주상 전하'라고 불러요. 이제 전하께서 돌아가시면 신하들은 그를 '대행대왕'이라 부릅니다. 그리고 몇 년 후 돌아가신 임금을 위한 방(사당)이 종묘에 만들어지면 종묘에서 불리는 이름, 즉 묘호가 붙어요. 우리가 흔히 쓰는 왕의 이름인 '태정태세문단세…'는 모두 종묘에서 불리는 이름이에요. 그러니

숙종의 장례식장으로 사용된 경희궁 자정전

까 숙종은 살아계실 때 자신이 숙종이라 불리는 것을 알지 못합니다. 돌아가신 후에 붙여진 이름이니까요.

왕의 장례식은 몇 개월 동안 이어져요. 그 이유는 임금의 무덤인 왕릉 공사 때문이에요. 왕릉이 완공되면 임금은 평생 정들었던 궁궐을 떠나게 됩니다.

숙종의 장례식장은 경희궁의 편전인 자정전이에요. 편전은 평생 나라를 위해 일해야 했던 임금이 가장 오랫동안 사용하던 건물이기도 해요. 숙종도 그랬지만 왕은 궁궐에서 태어나 궁궐에서 생을 마감합니다. 임금은 살아생전 마음대로 여행도 다닐 수가 없어요. 만약 궁궐을 오래 비우면 어떤 상황이 닥칠지 모르기 때문이에요. 그러니 그들에게 궁궐은 세상의 전부인 셈이에요. 그리고 빈전은 임금이 마지막으로 궁궐에서 머무르는 장소입니다.

지금 자정전은 방문객이 거의 없어요. 너무 조용하죠. 텅 빈 자정전 안을 보고 있으면 통곡을 하는 왕실 가족과 신하들, 그리고 여기저기 분주하게 일을 하는 사람들의 모습이 그려져요.

20
경종
신하들의 지지를 받지 못한 허수아비 왕

아버지 숙종　　어머니 희빈장씨　　후궁 숙빈최씨

20대 경종

동생 연잉군

경종의 대리청정 – 창경궁 시민당

숙종의 뒤를 이어 장희빈의 아들인 세자가 즉위하니 조선 제20대 임금 경종입니다. 아버지 숙종이 40년이 넘는 기간 동안 임금의 자리에 있었기 때문에 경종의 세자 시절도 그만큼 길어졌어요. 그러나 안타깝게도 세자였던 경종은 신하들의 지지를 받지 못했어요. 어머니가 바로 장희빈이었기 때문이죠. 그녀의 아들을 고운 시선으로 볼 리가 없었어요. 연산군 때를 기억해 보세요. 연산군은 나중에 친어머니가 사약을 받고 죽었다는 사실을 안 뒤에 폭군이 되지요. 그때 연산군은 어머니의 죽음에 관여한 신하들을 모조리 죽이거나 귀양 보냈거든 요. 그런데 경종은 심지어 세자 시절에 자신의 눈앞에서 어머니 장희빈이 죽어 가는 모습을 봤어요. 그러니 신하들 입장에서는 세자가 왕이 되면 분명 제2의 연산군 시대가 될 거라 생각했어요.

지지해 주는 신하들이 별로 없었던 경종은 세자 시절 주눅이 들어서 소심하 게 살 수밖에 없었다고 해요. 이런 세자에게 아버지 숙종은 자신을 대신해 일 을 하라는 대리청정을 명해요.

"내가 나이가 너무 들어 이제는 의자에 앉을 힘도 없다. 그래서 나는 세자에 게 대리청정을 명하노라. 세자는 나를 대신해 신하들의 의견을 들으면서 나라 를 이끌어가길 바란다."

"전하! 세자 저하의 대리청정은 어디서 하는 것이 좋겠사옵니까? 전하께서 사용하시던 편전을 사용할지 아니면 새로이 정해야 하는지 명하여 주시옵소 서!"

창경궁 시민당이 있었던 것으로 추정되는 자리에는 현 재 화장실이 들어서 있다.

"지금 내가 쓰고 있는 편전은 세 자가 부담스러워 할 수 있으니 창경 궁의 시민당을 대리청정 장소로 사용 하도록 하라."

"성은이 망극하옵니다."

하지만 소심했던 세자는 대리청정 기간 내내 자신의 입장을 당당하게 말하지 못했습니다.

213

"세자 저하! 이번 일은 이렇게 처리하는 게 어떻사옵니까?"

"그것은 경들이 알아서 하세요…. 저는 따르겠습니다…."

경종이 세자 시절 대리청정을 했던 곳은 시민당 터예요. 지금은 안타깝게도 잔디밭과 화장실로 바뀌어버렸어요. 창경궁을 관람하는 어느 누구도 이곳이 시민당 터였다는 사실을 알지 못할 거예요. 궁궐에는 우리가 생각하는 것보다 훨씬 크고 많은 건물들이 있었습니다.

동궐도 속 시민당

지금 화장실과 잔디밭으로 변한 시민당은 실제로 어떤 모습이었을까요? 동궐도에는 시민당 건물은 없고 주춧돌만 남아 있어요.

경종은 1717년 아버지를 대신해 이곳 시민당에서 대리청정을 했어요. 그런데 이 동궐도는 100년 뒤인 1800년대 초에 그려집니다. 그사이에 시민당은 불탔거나 다른 곳으로 옮겨졌다는 뜻입니다. 물론 주변 잔디밭 아래에는 아마도 시민당의 흔적이 분명 있겠지요?

동궐도에 묘사된 시민당 터

쓸쓸한 죽음 – 창경궁 환취정

임금이 된 이후에도 경종은 그리 바뀐 게 없었어요. 그나마 아버지 숙종이 살아 있었을 때는 울타리라도 되어주었는데, 아버지도 안 계시고 게다가 경종을 지지해 주는 신하들의 수는 턱없이 적었어요. 반면에 동생 연잉군은 많은 신하들의 지지를 받고 있었죠. 더 큰 문제는 경종의 건강이 몹시 좋지 않아 결혼을 했음에도 아들이 없었다는 점이에요.

"전하! 전하께서 요즘 건강은 어떠신지요?"

"내 건강은 그리 나쁘지…."

게다가 경종은 심리적으로 불안한 증세를 보였습니다. 어느 날은 회의 도중 신하들 앞에서 갑자기 오줌을 쌌다고 합니다. 신하들이 얼마나 당황스러웠을까요?

"아니, 전하… 소신들은 잠시 물러나 있겠습니다."

"아니다. 굳이 그럴 것 없다."

그때 신하 한 명이 당황한 나머지 말합니다.

"전하! 중국에서 가장 존경받는 황제 한무제는 관(모자)을 쓰지 않고는 신하들을 만나지 않았다고 하옵니다. 방금 전처럼 급하게 소변을 보고 싶으시면 옆에 있는 내관에게 말씀을 하여주시옵소서!"

경종의 모습은 분명 정상적인 임금의 행동은 아니었습니다. 그러자 신하들 사이에서는 말이 많아집니다.

"아니, 어찌 그런 행동을 하실 수가 있단 말인가! 피는 못 속인다고 그 어미에 그 아들….."

"말을 삼가시게!"

"내가 무슨 틀린 말을 했는가! 장희빈의 아드님 아니신가!"

"이 사람이! 그나저나 전하께서 몸과 마음이 많이 지치신 듯하네. 게다가 세자도 없으니 이러다 갑자기 돌아가시기라도 하면….."

그러자 대부분의 신하들은 이런 요구를 합니다.

"전하! 전하께서 몸도 좋지 않으신데 세자 마마도 없으시니 소신들은 걱정이 많사옵니다. 그러니 이번 기회에 동생이신 연잉군 마마를 세제(임금의 동생)

동궐도 속 환취정

환취정은 지금으로부터 약 500년 전 성종 임금 때 만들어졌습니다. 그 뒤로 이곳은 왕이 선비들과 공부하는 장소로도 사용되었고 때로는 휴식 공간으로도 쓰였습니다. 동궐도에는 환취정의 모습이 그려져 있지만 불행히도 일제강점기에 사라지게 되고 그곳은 지금 수풀로 가득차 있어요. 물론 땅속을 잘 살펴보면 분명 환취정의 흔적이 나타날 거예요. 동궐도처럼 그 모습을 알 수 있는 그림이 있으니 언제든 복원이 가능하겠죠? 지금도 경복궁

경종이 승하한 창경궁 환취정(동궐도)

을 비롯해 많은 궁궐 건물이 발굴과 연구를 통해 제 모습을 되찾고 있어요. 환취정도 하루빨리 복원되면 좋겠네요.

로 삼으심이 어떠하신지요?"

"알았다! 경들의 말이 옳다. 지금
당장 동생에게 이 소식을 전하고 시
민당에서 세제 책봉식을 거행하도록
하라."

"성은이 망극하옵니다."

세제 책봉 이후 경종의 건강은 더
악화되어갔습니다. 당시 경종은 창경

창경궁 환취정 터. 일제강점기에 사라진 이후 지금은
숲으로 변했다.

궁 통명전에서 있었는데 어의가 건의합니다.

"전하! 지금이 여름이라 이곳 통명전보다는 바람이 잘 통하는 환취정으로
옮기심이 어떠하신지요?"

"그리하라!"

환취정은 통명전 뒷계단 위에 위치해 있어서 항상 시원한 산바람이 부는 정
자였어요. 그러나 이러한 노력에도 경종의 증상은 회복되지 못했습니다.

경종은 임금이 된지 4년 만에 아버지 숙종의 곁으로 떠납니다. 조선왕조
500년 역사 중 이렇게 무기력한 임금이 있을까요. 어머니가 장희빈이었던 탓
에 많은 신하들이 등을 돌렸고, 그래서 경종은 임금이었던 4년 내내 가시방석
이었을 듯해요. 수풀로 덮인 환취정 터를 바라보고 있으면 경종에 대한 안쓰러
움이 더해지네요.

21

영조

냉정한 아버지, 자상한 임금

아버지 숙종　　어머니 숙빈최씨(무수리 출신)

형 경종　　21대 영조　　박문수　　세자를
싫어하는 신하들

효장세자　　사도세자
(첫째아들)

세손

영조의 왕위 즉위 – 창덕궁 인정전

아들이 없었던 경종을 이어 동생 연잉군이 옥새를 받게 되니 그가 조선 제21
대 임금 영조입니다. 영조는 31살이라는 늦은 나이에 왕이 된 이후 50년 넘는
세월 동안 그 자리를 지켰어요. 조선시대 임금의 평균 나이가 50살이 안 되었

으니까 영조는 정말 장수한 임금이에요.

영조의 어머니는 무수리 출신의 후궁이었어요. 무수리는 궁궐 내 온갖 잡일을 하던 노비와 다름없는 신분이었죠. 그래서인지 숙종은 무수리의 아들인 영조를 더 많이 아꼈다고 해요.

"연잉군도 나이가 8살이 되었으니 결혼을 하고 가정을 가져야 하지 않겠느냐? 내 너를 위해 경복궁 서쪽에 작은 집을 마련해 두었다. 궐 밖 생활은 궐 안과는 전혀 다를 것이니 잘 적응하고 행복하게 살거라."

"예! 아바마마!"

조선시대 왕실에서는 왕위를 이을 세자를 제외하고 모든 자식들은 결혼을 하면 궁궐을 나가서 살게 되어 있어요. 이렇게 궁궐을 나온 영조는 그때만 해도 자신이 앞으로 왕이 될 거라고는 꿈에도 생각하지 못했을 거예요. 궁궐 밖 생활은 아버지 숙종의 말대로 많이 달랐어요.

"부인, 오늘은 시장을 다녀왔소. 그곳에는 다양한 백성들이 다양한 방법으로 돈을 벌고 있더이다. 그리고 놀랐던 것은 하루하루 끼니를 걱정하는 백성들이 생각보다 많다는 것이오."

임금은 궁궐에서 태어나 궁궐에서 생을 마감해요. 궐 밖 백성들의 생활을 경험한다는 것은 결코 쉬운

영조가 임금이 되기 전 궐 밖에서 살았던 집인 창의궁 터

일이 아니었어요. 그러니 백성들의 고통을 쉽게 이해할 수도 없었을 거예요. 하지만 영조는 달랐어요. 어쩌면 이런 경험은 훗날 왕이 되었을 때 많은 도움이 되었을 것 같아요. 그렇게 왕자로서 그는 궐 밖에서 행복하게 살고 있었어요. 그러던 어느 날, 그의 운명은 완전히 달라집니다. 형인 경종의 건강이 점점 악화되었거든요.

"전하, 연잉군 마마 드셨사옵니다!"

"뫼시어라."

"전하! 어인 일로….."

"아우님! 그동안 잘 지냈는가? 다름이 아니라 내 몸이 쉽게 낫지 않을 것 같네."

"무슨 말씀이시옵니까? 곧 기운을 되찾으실 것이옵니다."

왕자 시절의 영조 초상화

"아니, 내 몸은 내가 잘 알아. 알다시피 내가 아들이 없지 않은가. 그러니 내다음 임금이 되어주게."

"불가하옵니다, 전하! 명을 거두어주시옵소서!"

"난 이미 결정했으니 아우는 어명을 따르라. 도승지는 세제 책봉식을 준비하라."

영조는 그날로 왕의 동생으로서 다음 왕이 되는 세제가 됩니다. 세자가 아니라 세제世弟인 이유는 영조가 경종의 아들이 아니라 형제이기 때문이에요. 그렇게 그는 무려 20여 년의 궐 밖 생활을 마치고 궁궐로 돌아옵니다.

몇 년 후, 경종이 돌아가시고 영조는 조선의 왕이 됩니다. 영조의 즉위식을 잠시 살펴볼까요?

새 임금의 즉위식은 임금이 돌아가시고 일주일 안에 거행됩니다. 이 기간은 조선에 왕이 없는 기간이에요. 임금은 죽었고 다음 왕은 아직 옥새를 받기 전이니까요. 여기서 임시 호칭이 붙여지는데, 죽은 왕을 '대행대왕', 앞으로 왕이 될 세자를 '사왕'이라 했습니다.

즉위식의 첫 번째 단계는 대행대왕의 빈전(장례식장)에서 옥새를 받는 일입니다. 경종의 장례식장은 창덕궁의 편전인 선정전이었어요.

"전하! 어찌 이리 일찍 가시옵니까! 흑흑흑!"

그러자 신하들이 말합니다.

영조의 즉위식이 거행된 창덕궁 인정전과 인정문

"사왕께서는 대행대왕의 옥새를 받으시옵소서."

선정전에서 경종의 옥새를 받은 영조는 눈물을 닦으며 즉위식이 열릴 인정전으로 이동합니다. 인정전의 정문인 인정문 앞에는 돌아가신 경종의 의자(어좌)가 마련되어 있습니다.

"사왕께서는 어서 어좌에 앉으시옵소서!"

"내가 어찌 앉겠느냐. 이 의자는 얼마 전까지 형님께서 사용하셨던 의자 아니더냐…."

계속 눈물을 흘리던 영조는 마지못해 의자에 앉아요. 그러자 앞쪽의 신하들은 일제히 "천세! 천세! 천천세!"를 외쳐요. 다음은 즉위식 연설을 하는 것입니다. 조선시대에는 새로운 왕 대신 옆에 있는 신하가 이를 읽습니다.

"왕은 말하노라. 하늘이 어찌 이런 큰 재앙을 내리는가! 불행하게도 나는 지난 5년 사이 사랑하는 아버지(숙종)와 형님(경종)을 잃는 슬픔을 만났다. 오늘 종묘 사직을 받들어 만백성의 주인이 되었으나 보잘것없는 이 몸은 감당하기가 쉽지 않다. 그러니 여기 있는 모든 관료들은 나를 도와 더욱 더 강한 나라를 만들어주길 바라노라."

영조는 연설을 마치고 자리에서 일어나 인정문을 통과해 천천히 인정전을 향해 걷습니다. 어도를 걸으며 영조는 무슨 생각을 했을까요? 아마도 지난 20여 년 동안 궁궐 밖에서 생활하면서 만난 많은 백성들의 모습을 떠올렸을 거예요. 그리고 다짐을 했겠지요? 그들을 위해 훌륭한 임금이 되겠다고 말이죠.

영조와 박문수의 백분토론장 – 창덕궁 선정전

이곳은 창덕궁 내 편전(임금의 사무실)인 선정전입니다. 그날도 영조는 생각에 잠겼습니다.

그러자 옆에 있던 내시가 말합니다.

"전하! 무슨 생각을 그리 골똘히 하시옵니까?"

"내가 궐 밖에서 살 때 관아에 끌려가 억울하게 곤장을 맞은 돌쇠를 생각하고 있었다. 어찌 되었는지 걱정이 되는구나. 아! 답답하다. 궐 안에서는 확인할 수 없으니…."

앞서 언급한 대로 영조는 임금이 되기 전에 궐 밖에서 백성들과 생활했어요. 그러니 이런 걱정이 많이 들었을 거예요. 그러자 내시는 한 가지 제안을 합니다.

"전하, 그리 궁금하시다면 암행어사를 임명하심이 어떠하신지요?"

"암행어사? 그거 좋은 생각이로다!"

임금의 명을 받아 몰래 그 고을을 살펴보는 사람이 바로 암행어사예요. 영조는 이 암행어사 제도를 활용합니다. 수시로 암행어사를 파견해 각 지역의 문제점을 파악했죠.

"그래, 경상도 지역의 상황은 어떠하더냐?"

"소신이 살펴본 바, 부산은 성곽 공사로 너무 많은 인원을 동원하고 있어 백성들 사이에 불만이 많았사옵니다. 게다가 지금 한창 농사를 지을 시기이니 이는 농사에도 영향을 미치고 있는 듯하옵니다."

"그래? 성곽 공사야 조금 미루어도 되지만 때를 놓치면 할 수 없는 것이 농사인데…. 지금 당장 관련 부서에 이 사실을 전하고 조치하도록 하라."

영조의 어진

어사 박문수 초상화

이렇듯 영조는 자주 암행어사 제도를 활용한 왕이었습니다. 암행어사 하면 떠오르는 분이 있죠? 바로 어사 박문수입니다.

"전하, 박문수 들었사옵니다."

"어서 오시게."

"전하, 강녕하셨사옵니까. 아뢰옵기 송구하오나 소신이 오는 도중 한 관료가 전하와의 친분을 내세워 허풍을 떠는 모습을 보았사옵니다. 아마도 전하께서 궐 밖 생활을 하실 때의 일인 듯하온데…. 반드시 그자를 잡아들여 다시는 이런 일이 없도록 하시옵소서. 물론 이는 관리들을 단속하지 못한 전하의 잘못도 있사옵니다."

"하하하, 내가 이래서 경을 좋아한다. 남들은 왕 앞이라 해서 늘 좋은 이야기만 하려 하는데 자네는 그렇지 않거든."

둘의 대화에서처럼 영조는 박문수를 무척 아꼈어요. 이런 박문수에게 영조는 암행어사의 임무를 자주 맡겼다고 합니다.

"전하, 소신은 전하께서 경종대왕의 후계자가 되실 때 많은 비판을 했사옵니다. 그런 제가 밉지 않사옵니까?"

"하하하! 당연히 밉지. 그러나 국가의 일

영조와 박문수가 자주 토론을 했던 창덕궁 선정전

을 개인 감정으로 할 수 없지 않은가! 나는 왕자 시절 서로 싸우는 신하들의 모습을 자주 보았네. 그로 인해 얼마나 많은 사람들이 죽어나갔는가? 그래서 가능하면 나를 비판했던 이들도 가까이 두려 하는 것이다. 그러니 경은 항상 내게 쓴소리를 하는 신하로 남으라."

"전하, 성은이 망극하옵니다."

영조는 정말 그랬어요. 자신을 비판하는 신하들마저 자기편으로 만들기 위해 노력했죠. 이를 '탕평책'이라 불러요. 탕평책은 여러 재료를 섞어 먹는 음식인 탕평채에서 유래한 말로, 영조는 박문수처럼 자신에게 쓴소리하는 신하들을 가까이 하면서 다양한 의견을 들었다고 합니다.

조선의 왕들 중 가장 검소하고 백성들의 삶을 잘 이해했던 영조는 이곳 선정전에서 암행어사 박문수와 자주 토론을 했다고 해요. 상상해 보세요. 어좌에 앉아 있는 영조와 그에게 백성들의 이야기를 전하고 있는 박문수의 모습을요.

청와대의 원조, 창덕궁 선정전

창덕궁의 편전인 선정전은 현재 유일하게 남은 파란색 기와 건물이에요. 400년 전 인경궁에 사용했던 청기와를 옮겨 왔다고 합니다. 바로 이 선정전의 청기와를 모방해서 청와대 지붕을 청기와로 덮었어요. 청와대는 한자로 '청색 기와'라는 뜻이에요.

파란색 기와인 선정전

영조의 공부방 – 창경궁 숭문당

아들 없이 죽은 형인 경종의 모습을 본 영조는 빨리 아들을 낳아 세자로 만들기를 원했어요. 그러나 첫째 아들이 어린 나이에 죽어요. 다행히 첫째 아들을 떠나보내고 7년 후 그토록 기다리던 둘째 아들을 얻게 돼요. 그가 바로 사도세자입니다.

영조는 사도세자의 교육을 위해 최선을 다했어요. 심지어 직접 교과서까지

만들 만큼 세자에 대한 교육열이 대단했지
요. 세자는 무럭무럭 자랐고 결혼을 해 아
들까지 낳게 됩니다.

"아들이더냐? 하늘이 왕실을 버리지 않
았구나! 이 기쁨을 어떻게 표현하겠느냐.
경사로다 경사야!"

사도세자의 아들이 태어나자 영조는 정
말 기뻐했어요. 건강한 할아버지 영조, 똑
똑한 아들인 세자 그리고 귀여운 손자인 세
손까지 3대가 모두 건강하니 왕실은 안정
될 것이고, 그럼 신하들은 한쪽 편에 서서
서로 싸우지 않을 것입니다. 이는 백성들을
위해 더 열심히 일할 수 있는 기회가 되지
요. 그러나 시간이 흐를수록 왕실에는 먹구

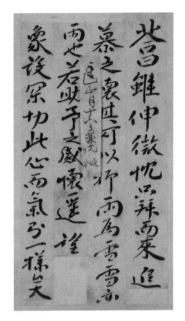

영조의 글씨

름이 끼기 시작해요. 영조의 아들에 대한 기대가 너무 컸나봐요. 영조는 아들이
하는 모든 행동이 불만족스러웠어요. 특히 영조는 공부를 아주 열심히 한 왕으
로도 유명해요. 그는 평상시 신하들에게 명령을 내리려면 신하들보다 더 많은
공부를 해야 한다고 믿었어요. 특히 영조는 창경궁 숭문당을 공부방으로 자주
이용했는데, 그날도 세자를 불러 여러 가지 질문을 합니다.

"세자는 어제 공부한 것을 한번 말해 보라!"

"저, 그러니까…."

"네가 정신이 있는 게냐 없는 게냐! 이건 아비가 너를 위해 직접 만든 책이
다. 이 정도도 이해하지 못하면 너는 나라를 이끌 자격이 없는 것이다. 당장 내

눈앞에서 사라지거라!"

"아바마마, 소자가 잘못했사옵니다. 용서하여 주시옵소서!"

아버지에게 혼은 났지만 세자 역시 아버지를 이해할 수 없었죠.

"아바마마는 왜 나를 이리 대한단 말인가! 내 나이가 몇인데 아직도 어린애 보듯 하니 정말 울화통이 터지는구나."

사도세자는 내시에게 괜한 화풀이를 합니다.

"뭘 보느냐! 너도 나를 무시하느냐? 내가 그리 만만해 보이더냐?"

"아니옵니다. 소인은 그저….'

사도세자는 갑자기 칼을 들더니 내시의 목을 칩니다. 세자의 이런 해괴한 행동은 세자가 정신병에 걸려 살인을 저지르고 다닌다는 소문으로 퍼졌어요. 그럴수록 아버지 영조의 꾸중은 더 심해졌고 그럴수록 아들은 더 난폭해졌어 요. 악순환의 연속이었죠.

"어젯밤에 또 난리를 피웠느냐! 네가 그러고도 일국의 세자더냐? 넌 그냥 망 나니다! 네 아들을 좀 보거라. 어린아이가 얼마나 의젓하느냐!"

영조는 아들보다 손자를 더 가까이 하게 됩니다. 어쩌면 영조는 세자가 왕 이 되면 제2의 연산군이 될지도 모른다는 걱정이 있었을 거예요. 그래서인지 더욱 세손을 아꼈어요.

"내일 숭문당에 나아가 세손의 학문을 확인할 것이니 경들은 준비하라."

"주상 전하 납시오!"

"그래, 우리 세손! 요즘 공부가 많이 힘들지는 않느냐?"

"아니옵니다. 당연하다 생각하옵니다."

"오, 그래! 어린 네가 애비보다 훨씬 낫구나! 세손, 내 질문을 하나 하겠노라. 쇄소가 무엇이냐?"

그러자 세손은 총명한 눈빛으로 자신 있게 대답합니다.

"네, 할바마마. 쇄소란 먼지가 날리면 어른들이 불편하니 미리 물을 뿌리고 나서 바닥을 쓰는 것이옵니다."

"맞다, 세손! 백성에게 모범을 보여야 하는 것이 왕족이니 세손은 이를 알고 쇄소하는 마음으로 신하와 백성을 대해야 할 것이다. 알겠느냐?"

"네, 할바마마! 명심하겠사옵니다!"

세손을 바라보는 영조의 모습은 이미 세자보다 세손에게 더 많은 기대를 하고 있는 것처럼 보입니다.

창경궁 숭문당은 '학문을 숭상하다'라는 뜻이에요. 영조는 숭문당을 자주

영조가 공부방으로 자주 이용했던 창경궁 숭문당(편액은 영조의 글씨)

이용했다고 합니다. 숭문당의 편액 역시 영조의 글씨라고 해요. 영조의 성격은 옳고 싫음이 아주 명확했고 성격도 좀 급했던 것 같아요. 영조의 초상화를 보고 있으면 아주 엄한 서당 훈장님 같은 느낌이 들죠? 바로 숭문당 안에서 영조는 손자인 세손의 학문을 시험했어요. 손자를 바라보는 영조의 표정 그리고 할바마마에게 야무지게 설명하는 꼬마 세손의 모습이 그려집니다.

"우리 세손이 세자보다 훨씬 낫구나! 훨씬!"

이 웃음소리를 아들인 사도세자는 들었을까요?

영조가 좋아했던 창경궁 숭문당, 함인정

영조는 숭문당과 함인정을 자주 이용한 왕이었어요. 지금은 담이 모두 사라졌지만 동궐도를 보면 숭문당과 함인정은 담으로 둘러싸여 있고 가운데에 넓은 마당이 있어요. 바로 이곳에서 영조는 과거시험에 합격한 이들을 불러 상을 내렸다고 합니다.

함인정과 앞마당

함인정과 숭문당(동궐도)

아버지와 아들, 비극의 현장 – 창경궁 문정전

영조와 사도세자의 갈등은 점점 심해졌어요.

"세자! 어젯밤에 또 난동을 일으켰다는 게 사실이냐!"

"아바마마, 오해시옵니다! 소자는 그저….'

"자식 보기에 부끄럽지도 않느냐!"

영조는 아들에 대한 기대를 접은 것 같았어요. 만약 사도세자가 왕이 되면 연산군 같은 폭군이 될 거라 생각한 거예요. 그리고 아들이 아닌 손자를 자신의 후계자로 삼기로 합니다. 영조는 나이가 많았지만 매우 건강했고, 손자는 어리지만 똑똑했어요. 아들을 궁궐 밖으로 쫓아내면 되겠지만 이는 쉬운 일이 아니었어요. 아들을 따르는 신하들이 가만히 있지 않을 테니까요. 그렇게 되면 손자를 지지하는 신하와 사도세자를 지지하는 신하들이 싸우게 됩니다. 그래서 영조는 말도 안 되는 결정을 하고 말아요. 바로 아들을 죽이는 겁니다.

그는 폭력적인 행동을 핑계로 세자를 창경궁 문정전으로 불러냅니다. 그곳에는 뒤주(쌀통)가 있었어요.

창경궁 문정전 앞마당에 놓인 뒤주

"세자! 너는 죽을죄를 지었다. 네가 왕이 된다면 조선은 연산군 시대의 혼란을 겪게 될 것이니 내 나라를 구하는 심정으로 너를 죽여야겠다! 세자는 당장 저 뒤주 안으로 들어가 자살하거라."

"아바마마! 소자를 살려주시옵소서! 앞으로 아바마마 말씀도 잘 듣고 행동도 잘 하겠나이다. 아바마마!"

"이미 늦었다. 어서 들어가거라!"

그때 세손이 달려와 영조에게 빕니다.

"할바마마! 아비를 살려주시옵소서! 소손이 이렇게 비옵니다. 할바마마!"

"뭐하는 게냐! 어서 세손을 데리고 나가지 못할까!"

영조는 세자를 뒤주로 들어가게 한 뒤 직접 망치를 들어 못으로 뚜껑을 닫아버립니다. 그렇게 뒤주에 갇힌 세자는 무려 8일간 아무것도 먹지도 마시지도 못한 채 비참하게 생을 마감합니다. 바로

문정전 앞마당 잔디밭의 비밀

궁궐에 들어와 잔디밭을 본다면 그곳에는 틀림없이 건물이 있었다고 생각하면 돼요. 조선시대에 잔디는 주로 무덤을 만들 때 심었어요. 이 잔디는 일제강점기에 궁궐 건물이 헐리면서 그 자리를 차지합니다. 당시에는 서양 문물이 많이 들어왔는데 서양 사람들은 공원에 잔디를 많이 심었거든요. 게다가 문정전 앞마당의 잔디밭을 자세히 보면 일정한 간격으로 돌이 있어요. 기둥을 세울 때 사용하는 주춧돌

창경궁 문정전 앞 잔디밭과 주춧돌 흔적

이에요. 그럼 어떤 형식의 건물이 이곳에 있었을까요? 그 모습은 동궐도에 잘 나와 있어요. 정문에서 비와 햇빛을 피해 바로 건물로 들어갈 수 있는 복도 형식의 건물이 있었던 거예요.

이곳 문정전 앞마당에서요. 아버지가 아들을 죽이고, 아버지가 아들 앞에서 죽어간 비극적 사건이었어요. 훗날 영조는 이날 자신의 결정을 후회하며 아들에게 '생각할 사思'에 '슬퍼할 도悼'를 붙여 '사도'라는 호를 내려줍니다. 바로 사도세자입니다.

손자를 지켜라 - 경희궁 집경당

세자의 죽음은 더 큰 혼란을 가져왔어요. 당시 신하들은 세자의 죽음을 찬성하는 파와 반대했던 파로 나뉘져 있었어요. 특히 세자의 죽음이 당연하다고 주장했던 이들은 사도세자의 아들인 세손까지 싫어했죠. 만약 세손이 왕이 되면 아버지를 죽게 한 자기들에게 복수를 할 거라고 생각한 거예요.

당시 영조는 경희궁에서 생활했고 회의 때마다 항상 손자를 데리고 다녔습니다. 이미 손자를 후계자로 정한 거죠. 하지만 신하들은 이에 동의하지 못합니다.

"전하! 사도세자는 정신병자이며 죄인의 신분으로 죽었사옵니다. 그런데 어찌 그 죄인의 아들이 왕이 될 수 있겠사옵니까?"

"경들은 말을 삼가라! 나는 이미 세손을 후계자로 정했다. 내 나이 벌써 80이 넘었다. 내가 요즘 몸과 마음이 더욱 피곤해 글을 읽는 것도 쉽지 않다. 그러니 이 시간 이후 모든 것은 세손의 결정

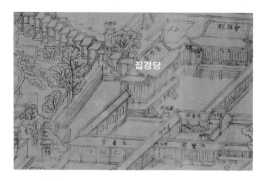

집경당

영조가 승하한 경희궁 집경당(서궐도)

현재 서울역사박물관 뒤뜰에 위치한 경희궁 집경당 터(저 멀리 일제가 만든 방공호가 보인다)

을 따르라."

"전하! 명을 거두어주시옵소서. 아직 건강하시옵니다!"

심지어 그들은 영조의 명이 적힌 종이를 찢어버리기까지 해요. 목숨을 걸고 세손을 방해합니다. 이런 그들의 모습을 본 세손은 화가 났지만 어떠한 말도 하지 않고 묵묵히 때를 기다렸어요. 결국 손자에게 모든 것을 맡긴 영조는 다음 해에 이곳 경희궁 집경당에서 돌아가십니다.

"산(정조의 이름)아! 이 할애비를 용서해 다오. 내가 너에게 큰 죄를 지었다."

"아니옵니다 할바마마! 어찌 그런 말씀을 하시옵니까. 저는 괜찮사옵니다…. 할바마마, 정신 차리시옵소서!"

파란만장한 삶을 산 영조예요. 왕자의 신분으로 궐 밖에서 살다가 어느 날 임금이 되었고, 무려 50년을 임금으로 지내면서 많은 업적을 남겼지만 아들을 죽였다는 오점도 남겼죠. 불행하게도 그의 마지막을 지켜봤을 집경당은 지금 없습니다. 안타깝게도 이곳은 서울역사박물관의 주차장이 되어 있습니다.

22

정조

조선 르네상스 시대를 열다

할아버지 영조 　 할머니 영빈이씨

아버지 사도세자 　 어머니 혜경궁 홍씨

규장각 학자들　후궁 의빈성씨　22대 정조　동생 은전군

문효세자　　세자　　정조를
(첫째아들)　(둘째아들)　싫어하는 신하들

정조 이산, 드디어 왕위에 오르다 – 경희궁 숭정전

영조의 뒤를 이어 손자가 옥새를 받으니 그가 조선 제22대 임금 정조입니다.
영조가 경희궁 집경당에서 돌아가셨기 때문에 정조는 같은 궁궐인 경희궁의
정전 숭정전에서 즉위식을 합니다. 어린 시절 아버지인 사도세자의 죽음을 목

정조의 즉위식이 열린 경희궁 숭정전

정조의 즉위식 장면

격한 이후 정조는 15년의 시간을 묵묵히 기다렸어요. 할아버지의 장례식장에서 절을 한 그는 즉위식장인 숭정전으로 이동했어요. 정조의 눈에는 눈물이 흐르고 있었어요. 아마도 돌아가신 할아버지에 대한 슬픔도 있었겠지만, 어쩌면 억울하게 죽은 아버지를 생각한 눈물일지도 몰라요.

'아바마마! 소자가 드디어 왕이 되었사옵니다. 반드시 아바마마의 억울함을 풀어드릴 것이옵니다.'

정조는 숭정전에 놓여 있는 어좌에 앉습니다. 많은 신하들은 새로 등극한 왕에 대해 충성을 다짐합니다.

"천세! 천세! 천천세!!"

그러나 분위기는 좋지 않았어요. 정조에게 충성을 맹세했지만 이들 중 상당

두 곳의 숭정전

정조가 즉위를 한 경희궁의 정전 숭정전은 현재 두 채가 있어요. 숭정전은 일제강점기인 1926년 일본 사찰 건물로 팔려갑니다. 이후 숭정전을 동국대학교가 사들이면서 지금은 동국대학교 내 법당으로 남아 있죠. 그럼 지금 경희궁에 있는 숭정전은 무엇일까요? 1980년대 동국대학교 내에 있던 숭정전을 원래의 자리로 옮기려 했는데 당시 숭정전 건물이 너무 낡

동국대학교 내 불당이 되어버린 숭정전

았다는 이유로 옮기지 못했고 어쩔 수 없이 다시 지은 건물이 지금의 숭정전이에요. 그래서 현재 숭정전은 경희궁과 동국대학교, 이렇게 두 곳에 있게 된 겁니다.

수는 아버지 사도세자의 죽음과 관련 있는 사람들이었어요. 심지어 정조가 세손 시절 눈앞에서 대놓고 자신을 무시했던 신하들까지 있었어요.

'이를 어쩌면 좋소. 사도세자의 아들이 왕이 되다니, 분명 새 왕은 우리에게 복수를 할 것이오.'

즉위식을 마친 정조는 다시 할아버지 영조의 장례식장으로 돌아옵니다.

'할바마마! 할바마마의 가르침을 이어받아 오직 백성들을 사랑하는 훌륭한 임금이 되겠사옵니다. 그러나 아버지를 죽게 한 그들은 도저히 용서가 되지 않습니다. 어떻게 하면 좋겠사옵니까? 할바마마 소손에게 힘을 주소서!'

그는 절을 한 후 조용히 문 밖으로 나갑니다. 밖에는 신하들이 모두 엎드려 있었죠. 그리고 비장한 목소리로 이런 이야기를 합니다.

"나는 사도세자의 아들이다!"

자객 난입 사건 – 경희궁 존현각

임금이 된 첫날, 신하들에게 "내 아버지는 사도세자다"라고 한 말 속에는 '내 아버지를 죽게 하고 내가 임금이 되는 것을 반대했던 사람들은 각오하라!'라는 의미가 포함되어 있어요. 그러니 신하들은 얼마나 긴장을 했겠어요.

"아니 대감! 주상이 아예 대놓고 사도세자를 언급했소. 이는 필시 우리를 향한 선전포고 아니오? 분명 복수를 하려 들 것인데….."

그러던 중 사건이 발생해요. 그날 밤에도 정조는 평상시처럼 경희궁 존현각에서 책을 읽고 있었어요. 존현각은 정조가 세손 시절 열심히 공부를 했던 곳이기도 해요. 그런데 갑자기 지붕에서 부스럭거리는 소리가 나는 거예요.

경희궁 존현각 터. 지금은 서울역사박물관 주차장이 되어 있다.

"이게 무슨 소리인가! 밖에 아무도 없느냐?"

그러나 어느 누구도 대답하지 않았어요. 왕이 방 안에 있는데 밖에 상궁과 내시가 한 명도 없다니 절대 있을 수 없는 상황입니다. 그리고 조금 후 이번에는 기와가 깨지면서 누군가 지붕 위를 뛰어가는 소리가 납니다. 누가 봐도 자객들이 움직이는 소리였어요. 이 이야기는 소설 속 이야기가 아니에요. 실제로 조선왕조실록에 나와 있는 내용입니다.

궁궐은 수백 명의 군사들이 24시간 지키는 곳입니다. 특히 임금이 계신 곳은 개미 한 마리도 쉽게 들어올 수가 없어요. 그런데 임금이 책을 읽고 있는 건물 주변이 텅 비어 있고 갑자기 지붕에서 기와 깨지는 소리가 들리다니, 이건 누가 봐도 자객의 침입을 의심할 수밖에 없는 상황이에요.

"도대체 누구의 소행이더냐! 소상히 말해 보거라!"

"전하! 아뢰옵기 송구하오나 이는 역모이옵니다."

알고 보니 이 사건은 정조가 아버지인 사도세자의 죽음에 직접적인 관계가 있는 사람들을 귀양 보냈는데 이에 불만을 품은 몇몇이 벌인 사건으로 밝혀졌습니다. 그들은 정조를 죽이고 동생인 은전군을 왕으로 만들려 했다고 합니다.

이 자객 난입 사건이 벌어진 존현각은 지금은 존재하지 않아요. 안타깝게도 일제강점기를 거치면서 다 사라졌고 그 자리는 현재 서울역사박물관 주차장으로 바뀌어 있습니다. 많은 사람들이 이용하는 주차장이지만 어느 누구도 이곳이 200년 전 궁궐 자객 난입 사건이 발생한 곳이라는 것을 모릅니다.

서궐도에 묘사된 존현각

조선 역사상 유일했던 자객 난입 사건의 현장인 존현각은 경희궁 내에 세자가 공부를 하는 곳입니다. 경복궁에는 비현각이 있고 창덕궁에는 성정각이 있죠. 비록 지금은 없지만 다행히 서궐도가 남아 있어 존현각의 모습을 조금이나마 상상해 볼 수 있어요.

경희궁 존현각(서궐도)

새로운 세상을 꿈꾼 사람들 – 창덕궁 주합루

정조는 신하들과 사이가 좋지 않았어요. 특히 할아버지가 무려 50년을 임금으로 계셨기 때문에 신하들도 나이가 꽤 많았죠. 왕은 젊은데 신하들은 나이가 많으니 조금은 불편했겠죠. 어느 날 정조는 신하들에게 이런 이야기를 합니다.

"경들은 들으라! 300년 전 세종대왕께서는 집현전을 만들고 그곳에서 일할 인재들을 뽑아 연구를 시켰다. 그들은 훗날 대왕께서 태평성대를 만드는 데 많은 공헌을 세웠다. 나 역시도 세종대왕의 길을 걸으려 한다. 이번에 완공된 후원의 규장각에 젊은 인재를 뽑아 연구를 시킬 것이다."

"성은이 망극하옵니다!"

규장각은 요즘으로 비유하면 국립도서관 같은 곳이에요. 정조는 창덕궁 후

창덕궁 후원의 규장각 정문인 어수문

원의 가장 경치 좋은 곳에 규장각을 짓고 젊고 똑똑한 인재들을 직접 뽑아 연구를 시킵니다.

"내가 규장각의 문 이름을 '어수魚水문'이라 지은 것은 물고기와 물이 떼려야 뗄 수가 없는 사이이듯 왕과 신하 역시도 같은 운명이란 뜻이다. 내 필요한 것은 무엇이든 지원할 터이니 그대들은 자연을 벗 삼아 오직 연구에 매진하도록 하라!"

"성은이 망극하옵니다!"

정조는 시간이 날 때마다 규장각에 들러 학자들과 연구하고 토론을 즐겼다고 합니다. 그리고 주기적으로 학자들을 위로해 주는 일도 잊지 않았죠. 특히 바로 앞 연못인 부용지에서 신하들과 함께 낚시를 했다고 해요.

"내 경들의 노고를 치하하기 위해 이 자리를 만들었다. 지금부터 누가 가장 큰 고기를 잡을지 내기를 한번 해보는 게 어떤가?"

창덕궁 후원 연못인 부용지에서 낚시를 즐기는 정조와 신하들. 뒤로 규장각이 보인다.

부용정에서 바라본 부용지(연못)와 규장각 풍경

"성은이 망극하옵니다!"

"전하, 찌가 움직였사옵니다. 월척이옵니다!!"

정조가 물고기를 잡자 음악이 연주됩니다. 정말 흥겨운 잔치가 아닐 수 없습니다. 낚시가 끝나면 정조는 부용정으로 학자들을 불러 술을 따라주었다고해요. 술을 잘 못하는 신하는 연못 가운데 섬으로 귀양을 보냈다고 합니다. 재미있는 일화지요?

"자! 마음껏 들기 바란다!"

"만약 이 술을 못 들면 내 어명으로 저 섬으로 귀양 보낼 것이다."

"전하! 술을 못하는 소신은 어쩔 수 없이 배를 타야 할 듯하옵니다."

"하하하!"

이곳에서 학자들은 어떤 연구를 했을까요? 정조가 임금이 될 당시 서양에서는 엄청난 변화가 생겼어요. 수증기의 힘으로 기계를 돌리는 증기기관이 발명되면서 공장이 만들어졌고 많은 물건들이 쏟아져나왔어요. 그러니 이 물건들을 팔고 사

는 사람들도 많아졌죠. 즉 농업에서 상업으로 변화하고 있었는데 이를 산업혁명이라고 해요. 이 현상은 중국을 거쳐 우리나라에까지 들어옵니다.

정조는 백성들이 자유롭게 물건을 사고팔 수 있는 새로운 도시를 만들고 싶었어요. 그곳이 바로 수원 화성이에요. 도시를 만들기 위해서는 성을 쌓아야겠죠? 정조는 정약용, 유득공 등 젊은 학자들에게 성을 만드는 기계를 연구시키고 백성들을 어떻게 이주시킬지 계획도 세워보라고 하죠. 지금 유네스코 세계문화유산이 된 수원 화성은 바로 이때 규장각 학자들에 의해 만들어진 작품이에요.

아들을 향한 마음 – 창덕궁 중희당
—

정조는 할아버지 영조와 함께 조선 최고의 임금으로 평가받아요. 그는 스스로를 일에 중독되었다고 할 만큼 열심히 일하는 왕이었다고 합니다. 그러던 어느 날 기쁜 소식이 들려와요.

"전하! 왕자마마시옵니다."

"뭐라? 다시 말해 보거라! 아들이라고? 그럼 드디어 내가 아버지가 된단 말인가? 이런 경사가 있나! 내 지금 당장 가봐야겠다!"

아들을 얻은 정조는 매우 기뻤어요. 어려서 할아버지와 아버지의 갈등을 직접 경험했던 정조는 자신만큼은 아들과 잘 지내며 아들을 훌륭하게 키우고 싶었어요. 그런데 세자의 생활 공간인 동궁전이 좀 낡았습니다.

"경들도 알다시피 창덕궁에 동궁전이 있긴 하나 너무 협소하다. 그래서 이번 기회에 세자를 위한 동궁전을 지으려 한다. 세자의 공간이니 아이가 마음껏 뛰어놀 수 있도록 마당은 넓어야 할 것이며, 각종 과학 기구들을 설치해 세자가 어려서부터 학문에 관심을 가질 수 있게 하라."

"성은이 망극하옵니다. 전하!"

그뿐만이 아니었어요. 그는 세자의 스승을 직접 만나 부탁을 하죠.

"조선의 미래가 경들에게 있으니 늘 자부심을 갖고 세자의 교육에 힘써 주기 바란다."

일을 마치면 정조는 새로 지어진 중희당으로 달려갔어요.

"아바마마!"

"우리 세자! 애비가 왔다. 그래 오늘은 무엇을 배웠느냐?"

"하늘 천, 땅 지, 검을 현…."

"벌써 천자문을 배우기 시작한 거냐? 기특하도다! 기특해!"

그러나 행복한 시간은 오래 가지 못했습니다. 세자가 병에 걸려 갑자기 건강이 나빠진 거예요. 지금이야 홍역 같은 전염병은 바로 치료가 되지만 조선시대에는 그러질 못했죠. 특히 어린아이들에게는 치명적인 병이었어요.

"이게 어떻게 된 것이냐? 며칠 전까지 건강했던 세자가 왜…."

"아무래도 홍역인 듯하옵니다."

"내 차마 아이의 얼굴을 보지 못하겠다…. 이를 어쩌면 좋겠는가! 아니 되느니라! 내 아들이다. 어서 치료를 하거라! 무슨 방법을 쓰더라도!!"

정조의 간절함에도 불구하고 어린 세자는 하늘의 별이 되고 맙니다. 얼마나 슬펐을까요? 세자의 장례식 내내 정조는 아무것도 할 수 없었어요. 세자를 실은 상여가 궁궐 밖으로 나가던 날 정조는 창경궁의 정문인 홍화문 밖에 나와 아들을 보냅니다.

"미안하구나! 아들아! 이 애비가 더 돌봤어야 했는데…."

정조는 통곡을 했어요. 그런데 얼마 후 더 큰 슬픔이 기다리고 있었어요. 죽은 세자의 어머니이며 정조의 후궁인 의빈성씨도 갑자기 세상을 떠납니다. 불

창덕궁 중희당에 방문해 세자의 스승을 만나는 정조

창덕궁 중희당 앞마당에서 뛰어 놀았을 문효세자. 안타깝게도 현재 중희당은 일부만 남아 있다.

과 1년도 되지 않은 시간 동안 정조는 사랑하는 부인과 아들을 먼저 떠나보낸 거예요. 어려서는 눈앞에서 아버지가 돌아가시고, 왕이 되자마자 자객의 습격을 받고, 또 이런 슬픈 일까지 당하니 정조의 일생은 우여곡절이 정말 많은 것 같습니다.

이곳은 정조가 문효세자를 위해 지어준 창덕궁 중희당이에요. 안타깝게도 현재 중희당은 사라졌어요. 단지 주변 건물만 조금 남아 있을 뿐이죠. 하지만 우리는 상상할 수 있어요. 저기서 아장 아장 걸어오는 어린 세자와 그 모습을 바라보며 흐뭇해하는 정조의 모습을요.

동궐도 속 중희당의 모습

지금은 사라진 중희당이지만 다행히 동궐도에는 그 모습이 그대로 남아 있어요. 중희당은 세자의 공간이기에 그 규모가 상당히 큽니다. 또 앞에는 과학 기구들이 설치된 넓은 마당도 있습니다. 자세히 볼까요? 비의 양을 측정하는 측우기, 별자리를 관찰하는 혼천의 그리고 바람의 세기와 방향을 측정하는 풍기대까지 설치되어 있네요.

중희당 앞에 묘사된 각종 과학 기구들(동궐도)

어머니를 위한 효성 – 창경궁 자경전

"할바마마! 아바마마를 살려주시옵소서! 제가 이렇게 비옵니다. 할바마마!"

"뭣들 하느냐! 세손을 당장 데리고 나가라! 세손도 뒤주 안에 갇히길 바라느냐! 어서!"

"할바마마! 할바마마!"

정조는 10살의 어린 나이에 아버지가 뒤주에 갇혀 죽어가는 모습을 보았습니다. 아버지를 죽게 한 할아버지가 얼마나 미웠을까요? 하지만 정조는 할아버지 앞에서 절대 티를 내지 않았어요. 이는 정조의 어머니 역할이 아주 컸어요. 그녀 역시 남편을 죽게 한 시아버지 영조와 신하들이 너무 싫었을 거예요. 하지만 그녀에게 중요한 건 살아 있는 아들이에요. 만약 아들이 영조 앞에서 계속 아버지 이야기를 하면 영조의 기분을 상하게 할 것이고 그러면 그 피해는 고스란히 아들에게 갈 수 있기 때문이에요. 게다가 주변에 남편인 사도세자를 싫어했던 신하들은 호시탐탐 자신의 아들을 노리고 있었거든요. 심지어 그들은 아들인 정조를 쫓아내고 다른 왕실 가족을 왕으로 만들 생각까지 했어요.

"잘 들으세요. 앞으로 할아버지는 물론이고 어느 누구 앞에서도 아버지 이야기를 하면 안 됩니다."

"어마마마! 저는 화가 납니다. 아바마마가 무엇을 그리 잘못하셨기에….”

"나도 알아요. 하지만 때를 기다려야 해요. 지금 아드님을 지켜줄 분은 오직 할아버지뿐입니다. 할아버지에게 옥새를 받기 전까지는 늘 조심 또 조심하세요. 지금은 힘들지만 반드시 기쁜 날이 올 테니까요. 아시겠습니까?"

"명심하겠사옵니다. 어마마마!"

실제로 아버지가 돌아가신 이후 왕이 되기 전까지 정

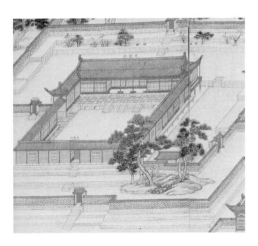
정조가 어머니를 위해 지어준 창경궁 자경전(동궐도)

창경궁 가장 높은 곳에 위치했던 자경전이지만 일제강점기에 사라져 지금은 터만 남아 있다.

조는 아버지 이야기를 하지 않았다고 해요. 그리고 드디어 임금이 됩니다. 정조는 즉위식 날 어머니의 손을 꼭 잡으며 말합니다.

"어마마마가 아니었다면 어찌 오늘의 소자가 있었겠사옵니까. 이제부터 소자가 어마마마를 모실 것이옵니다."

"아닙니다! 주상, 주상이 아니었으면 어찌 오늘의 내가 있겠소. 고맙다는 말은 내가 해야지요!"

"어마마마! 이제 마음 편히 지내시옵소서."

정조는 이런 어머니를 위해 작은 선물을 하나 준비해요. 창경궁에 규모가 큰 대비전인 자경전을 짓습니다. 자경은 '어머니 자慈, 경사 경慶'이라는 한자를 사용했는데, 건물의 이름에서 정조의 효심이 잘 드러납니다. 심지어 그는 자경전 근처 영춘헌에 살면서 밤낮으로 어머니를 모셨다고 해요.

불행히도 지금은 자경전 건물은 볼 수가 없어요. 일제강점기에 일본인들이 자경전을 허물고 그곳에 일본 건물을 지어 박물관으로 사용합니다. 비록 지금은 터만 남아 있지만 이곳에서 매일 어머니에게 문안 인사를 드렸을 정조의 모습이 상상됩니다.

정조의 자신감 - 후원 존덕정

정조는 많은 일을 했습니다. 특히 그림과 책을 좋아했던 정조는 많은 예술 작품을 남기기도 했어요. 우리가 잘 아는 천재 화가 김홍도 역시 정조가 아끼는 신하였다고 합니다. 그래서 역사 책을 보면 영조와 정조시대를 조선의 르네상스 시대라고 말합니다. 르네상스란 '문화가 다시 발달하다'라는 뜻이 있어요. 이는 세종대왕 시대에 찬란했던 문화가 정조 시대에 다시 일어났기 때문입니다. 하지만 임금이 된 초기에 정조는 그를 싫어하는 신하들의 공격을 아주 많이 받았습니다. 심지어 궁궐 내에 자객이 들어올 정도였으니 얼마나 힘들었겠어요. 이런 위기를 정조는 하나씩 극복해 나가요. 자기를 싫어했던 신하들을 때로는 벌주고 때로는 설득하며 믿고 따르도록 합니다. 이제 정조는 자신감을 얻었어요. 특히 효자였던 정조는 아버지 사도세자의 묘를 경기도 화성으로 옮기고, 동시에 수원(화성)을 당시로서는 최고의 신도시로 개발합니다.

"화성 건설은 잘 되고 있느냐?"

"지금 마무리 공사가 한창이라 하옵니다. 아뢰옵기 송구하오나 화성 건설에 이리 많은 관심을 보이시는 연유가 무엇이신지요?"

"지금 한양은 돈 많은 사람들의 도시가 되었다. 집값도 집값이지만 가난한 백성들은 장사조차 할 수 없으니 내 어찌 이를 그냥 두겠는가. 화성은 양반이 아닌 평범한 백성들을 위한 도시가 될 것이다. 마음껏 농사와 장사를 할 수 있는…. 그

정조 시대 건설된 수원 화성

정조의 호가 걸려 있는 창덕궁 후원 존덕정

나저나 융릉(사도세자의 무덤) 공사 상황은 어떠한가?"

"걱정 마시옵소서! 잘 진행 중이옵니다."

"경들도 알다시피 올해가 어머니와 아버지의 60세 생일이 되는 해이다. 이번에 모든 것이 완성되면 내 직접 어머니를 모시고 방문할 것이니 차질 없이 행하도록 하라."

"예, 전하!"

화성이 완성되던 날, 정조는 어머니를 모시고 수많은 신하들과 함께 수원 화성을 방문합니다. 참여 인원만 수천 명이었다고 하니 그 모습이 정말 장관이었겠죠?

정조가 왕위에 오른 지 22년이 되었고 태평성대가 왔습니다. 제2의 세종대

존덕정 내부에 걸린 정조의 호(만천명월주인옹)

왕 시절을 만든 정조는 스스로 자신의 호號를 지어요. 호는 옛날 사람들이 본명 말고 편히 부르는 이름이에요. 정조의 호는 '만천명월주인옹萬川明月主人翁'입니다. 호가 꽤 독특하고 길지요? 이를 해석하면 '달빛이 만 개의 개천을 비추듯 자신의 은혜가 만백성에게 닿는다'는 뜻이에요. 정조는 자신의 호에 대한 설명을 창덕궁 후원의 존덕정에 붙입니다. 지금도 존덕정에 가면 볼 수 있어요.

존덕정은 다른 정자와 다르게 육각형의 지붕 두 개가 겹쳐 있는 모양이에요. 천장 중심에는 임금을 상징하는 황룡과 청룡이 그려져 있고, 한쪽에는 '만천명월주인옹'이라고 적힌 글이 걸려 있어요. 정자의 모습이 주변 경관과 어우러져 정말 아름다운 곳이에요.

안타까운 성군의 죽음 - 창경궁 영춘헌

정조는 조선 후기 최고의 임금으로 손꼽힙니다. 그는 늘 일을 손에서 놓지 않았다고 해요. 그러니 건강이 나빠질 수밖에 없었겠죠. 당시 정조가 얼마나 힘들어했는지는 가까운 신하와 나눈 편지 내용에서도 잘 드러납니다.

"경은 잘 지내고 있는가? 요즘 나는 건강이 몹시 나빠져 고통스럽다. 귓병과 치통 그리고 눈병까지 번갈아 통증을 일으키니 그 고통을 말로 표현할 수가 없구나…"

임금은 아프다는 표현도 함부로 할 수가 없어요. 왕조 국가에서 임금이 건강하지 못하다면 신하들이 불안해하고 이는 바로 백성들의 생활에까지 영향을 미치기 때문이에요. 이처럼 건강이 나빠졌음에도 정조는 일을 놓지 않았어요. 밤새 전국에서 올라온 민원을 살핍니다.

"전라도 지역의 가뭄이 벌써 여러 달인데 어찌 관찰사는 조치를 취하지 않는 것인가? 이건 내일 다시 처리할 문제이고…. 가만 있자, 이건 또 무엇인가?"

정조의 도시 수원에 있는 정조의 동상

"전하! 밤이 늦었사옵니다. 제발 옥체를 보존하시옵소서!"

"아니다, 내 이것만 보고 잘 것이다."

그러던 중 정조는 갑자기 쓰러지고 맙니다.

"전하! 전하!! 어서 어의를 불러라! 전하, 정신 차리시옵소서!!"

정조가 승하한 창경궁 영춘헌

정조는 더 이상 일어나지 못했습니다. 돌아가시기 전까지도 백성들을 위해 일을 손에서 놓지 않았던 거예요.

이곳은 정조가 돌아가신 창경궁 영춘헌입니다. 영춘헌은 임금이 지내기에는 정말 작고 초라한 집이에요. 하지만 정조는 이곳을 고집했습니다. 그 이유는 영춘헌 바로 위에 어머니가 사시는 자경전이 있었거든요. 그는 이곳 영춘헌에서 수시로 어머니를 챙겼다고 합니다. 영춘헌 앞에 서 있으면 늦은 시간까지 백성을 위해 일을 놓지 않았던 정조의 모습이 떠오릅니다.

23

순조

아들에게 의지했던 나약한 왕

증조할아버지 영조   증조할머니 정순왕후

할아버지 사도세자   할머니 헌경왕후

아버지 정조

형 문효세자   23대 순조   순원왕후   왕실
외가 친척들   김조순

효명세자

세도정치와 궁궐 화재

정조의 큰 아들인 문효세자는 일찍 죽었지만 다행히 다른 후궁 사이에 아들이
한 명 있었어요. 그가 조선 제23대 임금 순조입니다.

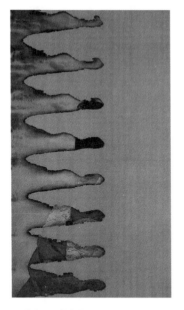
불에 탄 순조의 어진

문제는 정조가 돌아가실 때 순조의 나이가 고작 10살이었다는 겁니다. 왕이 어리면 어머니나 할머니가 수렴청정을 하지요. 당시 왕실의 최고 어른은 정조의 할머니인 정순왕후 김씨였어요. 순조에게는 증조할머니가 됩니다. 그런데 정순왕후는 옛날 명종의 어머니인 문정왕후처럼 욕심이 좀 많았어요. 자기 집안인 경주 김씨를 우선으로 뽑아 관직을 준 거예요. 게다가 나중에는 어린 순조의 장인어른인 김조순까지 합류해요. 김조순은 안동 김씨입니다. 그러니 출세를 하기 위해 열심히 공부를 하기보다는 안동 김씨 집안이나 경주 김씨 집안 사람들에게 뇌물을 주는 게 더 빨랐어요. 부정부패가 일상이 되어버린 전형적인 고려 왕조 말기의 증상이 나타난 거예요. 이렇게 특정 가문이 나라를 좌지우지하는 형태를 '세도정치'라고 해요. 그즈음, 궁궐에 어마어마한 화재가 발생합니다.

"전하! 큰일 났사옵니다. 지금 창덕궁이 불타고 있사옵니다!"

"뭐라? 이런 망극한 일이 있나!"

"피해는 어느 정도인가?"

"정전인 인정전과 편전인 선정전이 모두 불탔다고 하옵니다!"

모든 것이 명종 때와 너무 비슷하죠. 명종 때에도 경복궁에 큰 화재가 났거든요.

효명세자의 공부방 – 창덕궁 성정각

순조는 나이가 들어도 외가 친척들 때문에 왕으로서의 존재감을 보이지 못했어요. 게다가 가뭄까지 이어지면서 여기저기서 백성들이 난(민란)을 일으키기도 합니다. 그런 상황 속에서 순조에게 반가운 소식이 들려요. 자신의 뒤를 이을 세자가 태어난 거예요. 순조는 자신의 능력이 부족하다는 걸 알았고 차라리 아들을 잘 키워 나라를 구하고자 했어요.

세자 책봉식 장면

"세자의 탄생은 조선의 희망과도 같다. 앞으로 세자의 교육에 최선을 다하도록 하라. 스승과의 상견례는 언제인가?"

"다음 달 중순 창덕궁 성정각에서 있사옵니다."

"세자의 수업은 성정각 뒤 관물헌에서 하고 공부는 천자문으로 시작하라."

이때 세자의 나이가 불과 5살이었어요. 지금으로 보면 어린이집에 다니는 아이에게 천자문을 가르치기 시작한 거지요.

순조는 거의 매일같이 세자의 학문을 확인했어요. 유일한 희망이었기 때문이죠. 다행히 세자는 아버지 순조의 바람대로 성실하고 똑똑하고 예의 바르게 성장합니다.

효명세자가 일곱 살 때 쓴 글씨 (1816년)

"아바마마! 오셨사옵니까?"

"그래 세자! 요즘 건강은 어떠하더냐?"

"소자는 건강하오니 걱정하지 않으셔도 되옵니다."

"그래 든든하구나! 명심하거라, 이 애비의 희망은 오직 세자 너뿐이다. 부디 건강하게 성장해서 이 나라를 이끌어주길 바란다."

"아바마마를 실망시키지 않도록 더 노력하겠사옵니다."

"그래, 고맙구나."

순조는 아들에게 힘을 실어주고 싶었어요. 어느 날 신하들을 불러 모아 말합니다.

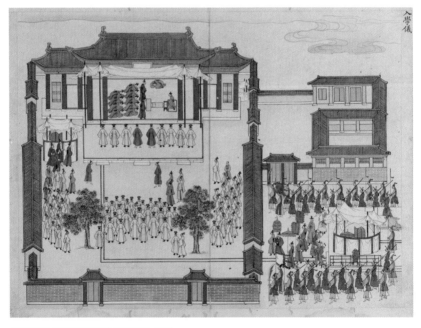

효명세자가 성균관에 입학해 수업을 받는 장면

효명세자가 공부했던 성정각과 관물헌

"경들은 들으라! 우리 세자가 이렇게 성장해서 성균관에 입학할 나이가 되었다. 내 애비로서 성대한 입학식을 해주고 싶으니 관련 관청은 만전을 기하라. 특히 도화서 화원들(화가)은 행사의 모든 장면을 그림으로 남기도록 하라."

실제로 당시 세자의 입학식 그림은 지금까지 남아 있어요.

이곳이 바로 순조의 든든한 아들 효명세자가 매일 열심히 공부를 하던 창덕궁 성정각입니다. 창덕궁의 세자 공간은 크게 세자가 생활하는 중희당과 세자가

공부를 하는 성정각이 있어요. 다행히 성정각과 관물헌 모두 그대로 남아 있어요. 이곳에서 순조는 열심히 글을 읽는 세자의 모습을 매일 바라보았겠죠? 얼마나 든든했을까요.

효명세자의 독서실 - 창덕궁 의두합

어느 날 효명세자는 순조에게 이런 부탁을 해요.

"아바마마! 소자 청이 하나 있사옵니다."

"무엇이냐? 내 세자의 소원이라면 뭐든지 들어주마!"

효명세자가 독서를 했다고 알려지는 창덕궁 후원의 기오헌, 의두합

"다름이 아니옵고, 창덕궁 후원에 한 칸짜리 작은 집 한 채를 지어주시옵소서. 그곳에서 독서를 하고 싶사옵니다."

"독서 공간이라면 얼마든지 크게 지으면 되지 않느냐? 이 애비가 해줄 수 있다."

"아니옵니다. 몸이 편하면 집중을 할 수가 없으니 오히려 작은 것이 소자에게 도움이 되옵니다. 그리고 무엇보다 백성들의 세금을 쓰는 일이니 작은 건물도 충분하옵니다."

"그런데 왜 하필 후원이더냐?"

"뒤쪽 계단을 오르면 바로 할바마마께서 만드신 규장각이 나옵니다. 소자는 정조대왕을 본받고 싶습니다."

"장하구나! 네 할아버지이신 정조대왕께서는 항상 백성을 생각하며 하루도 쉬지 않고 일을 하셨다. 너 역시 훌륭한 임금이 될 것이다."

바로 이곳이 창덕궁 후원에 있는 의두합이에요. 실제로 보면 규모가 정말 작아요. 심지어 화려한 단청도 없어요. 궁궐이라 할 수 없을 만큼 작고 검소합니다.

순조는 세자가 성군이 될 거라 믿었어요. 그리고 세자를 다시 부릅니다.

"너에게 중요하게 할 이야기가 있다. 이 애비가 몇 년 전부터 건강이 나빠져 지금은 일을 하기가 벅차구나. 너에게 모든 권한을 줄 것이니 나를 대신해 나라를 이끌도록 하여라."

"아바마마! 명을 거두어주시옵소서! 소자는 아직 배울 것이 많사옵니다."

"아니다, 충분하다! 내 마음은 이미 정했으니 그리 알라."

그때 세자의 나이가 18살이었어요.

아버지를 위한 공간 - 창덕궁 연경당
—

효명세자는 아버지 순조가 자신의 외가인 안동 김씨 가문 출신 신하들에게 시달렸다는 사실을 잘 알고 있었어요.

'지금 외가 사람들은 왕실을 너무 무시하고 있다. 무엇보다 임금의 권한을 강하게 만들어야 해!'

그리고 힘들어하던 아버지를 위해 창덕궁 후원에 연경당이란 집을 지어요. 후원 깊숙한 곳이니 아버지가 모든 걸 잊고 편히 쉴 수 있을 거라 생각한 거죠. 그러면서 아버지와 어머니를 위해 각종 잔치를 벌여요. 세자가 잔치를 자주 벌인 이유는 왕실 행사를 할 때는 모든 신하들이 임금에게 충성을 맹세하는 의식

효명세자가 아버지 순조를 위해 지어준 창덕궁 후원의 연경당

이 있기 때문입니다. 세자는 이런 분위기를 만들면서 아버지 순조를 무시했던 신하들에게 충성을 다짐받았던 거죠. 특히 순조 즉위 30주년 기념 행사는 매우 크게 열었다고 해요.

효명의 갑작스러운 죽음 - 창덕궁 희정당

효명세자는 마치 할아버지 정조가 환생한 듯 훌륭하게 나라를 이끌었어요.

"김씨, 김씨, 김씨! 이것이 말이 되는가! 매년 과거 합격자가 어찌 이렇게 같은 가문에서만 나올 수 있단 말인가! 정조대왕이 태평성대를 이끌 수 있었던 것은 가문과 관계없이 훌륭한 인재를 뽑았기 때문이다. 이번 과거시험은 내가 직접 감독할 것이다!"

효명세자가 과거시험을 감독했던 창덕궁 후원 양화당 앞 춘당대

그는 할아버지 정조가 인재를 뽑았던 창덕궁 춘당대에서 과거시험을 직접 감독합니다. 순조는 아들이 너무 듬직했어요. 그리고 이런 세자에게 자신의 공간인 희정당까지 내어줍니다.

"세자는 앞으로 희정당을 사용하도록 하라."

"아바마마! 소자가 어찌…"

"괜찮다. 어차피 네가 쓸 곳이니라."

세자는 아버지 순조의 지원을 받으며 부정부패를 없애려 노력했어요. 무엇보다 희망적인 사실은 세자가 서양 문물에 관심을 가졌다는 거예요.

효명세자 어진

"저하! 박규수이옵니다."

"그래 들라 하라. 오늘은 어떤 이야기를 해주겠는가?"

"저하께서도 아시겠지만 소신의 할아버지(박지원)는 청나라를 다녀온 후 그들의 발달된 문물을 소개했습니다. 지금은 그보다 더 발달된 서양 문물이 들어와 청나라는 완전히 다른 세상이 되었다고 하옵니다. 조선도 바뀌어야 하옵니다. 이 변화를 맞이하소서."

"나도 같은 생각이오. 그대는 새로운 소식이 들어오면 언제든 나를 만나러 오기 바라오."

"망극하옵니다, 저하!"

효명세자는 이미 조선의 미래를 준비하고 있었던 겁니다. 그러나 조선의 운명은 거기까지였어요. 4년째 아버지를 대신해 밤낮없이 임금의 역할을 했던 세자의 건강이 나빠지기 시작합니다. 그러던 어느 날 효명세자는 갑자기 의식을 잃고 쓰러집니다. 순조는 혼신을 다해 아들의 병간호를 했지만 1830년 세자는 끝내 숨을 거두고 맙니다.

"아니 된다! 세자 네가 먼저 떠나면 나는 어떻게 살 수 있단 말이냐! 세자! 눈을 뜨거라! 이 애비가 왔다. 이렇게 애통할 때가 또 있단 말인가!!"

사람들은 세자의 갑작스러운 죽음에 누군가 독살을 한 것이 아닌가 하는 의심을 품었고 그 의심은 지금까지도 이어지고 있어요.

효명세자가 생을 마감한 창덕궁 희정당

효명세자가 생을 마감한 곳은 창덕궁 희정당이에요. 효명세자는 부정부패와 싸우며 조선을 다시 일으키려 노력했어요. 할아버지 정조처럼 말이죠. 특히 서양 문물에 대해 많은 관심을 가졌죠. 만약 효명세자가 순조에 이어 조선 제24대 임금이 되었다면 조선의 미래, 아니 지금 우리의 삶은 어떻게 바뀌었을까요? 아마 일본보다 더 먼저 서양 문물을 받아들였을지 몰라요. 그렇다면 일제강점기는 피할 수 있지 않았을까요? 그래서 많은 역사 학자들이 효명세자를 조선의 마지막 희망이라 말하기도 합니다. 마지막 밤, 죽음과 싸웠던 효명세자의 모습을 상상하니 너무 안타까워 탄식이 나옵니다.

24

헌종
예술을 사랑한 임금

할아버지 순조   할머니 순원왕후

아버지 효명세자   어머니 신정왕후

김정희

24대 헌종

첫 번째 왕비
효현왕후

두 번째 왕비
효정왕후

후궁 경빈 김씨

사랑하는 부인을 위한 공간 – 낙선재

아들인 효명세자의 죽음 이후 무기력증에 빠진 순조는 결국 경희궁 회상전에
서 돌아가십니다. 다행히 효명세자가 아들이 있었기에 옥새는 손자에게 넘어
갈 수 있었죠. 그가 조선 제24대 임금 헌종이에요.

헌종 어진

헌종의 결혼식 장면(가례진하도)

할아버지가 경희궁에서 돌아가셨기 때문에 헌종은 같은 궁궐인 경희궁의 숭정전에서 즉위하지만 바로 창덕궁으로 이사를 갑니다.

헌종의 부인인 효현왕후는 일찍 돌아가셨기 때문에 할머니인 순원왕후는 새 중전을 뽑았어요. 조선시대 궁궐에서는 왕실의 어른, 즉 왕의 어머니나 할머니가 선택한 여인이 왕비가 될 수 있습니다. 이를 간택이라고 해요. 즉 아무리 왕이지만 왕비만큼은 자기 마음대로 할 수 없다는 뜻이에요. 드디어 최종 간택이 있던 날, 헌종은 후보 중에 마음에 드는 여인을 발견해요.

"할마마마! 저는 두 번째 여인을⋯."

"주상! 간택은 주상의 일이 아니에요. 주상이 나설 수 없다는 것은 알고 있지 않소?"

헌종 시대에 지어진 창덕궁 낙선재

"하지만 소손은….."

"어허, 주상!"

"송구하옵니다."

헌종은 그녀를 잊을 수가 없었어요. 밤낮으로 그녀의 얼굴이 떠올랐어요. 하지만 결국 자신이 원하지 않은 여인이 왕비가(효정왕후) 됩니다. 그래서일까요? 둘의 사이는 그리 좋지 않았어요. 자식도 없었고요. 그러자 왕대비는 후궁을 위한 간택령을 내립니다. 바로 그때 3년 전 헌종의 마음을 빼앗았던 그 여인이 후궁(경빈 김씨)으로 간택됩니다. 헌종은 너무나 기뻤어요.

"경빈, 이렇게 내게 와줘서 너무 고맙소."

"아니옵니다. 전하께서는 중전마마가 계시지 않사옵니까."

낙선재가 동궐도에 없는 이유

현재 낙선재가 있는 곳에는 원래 세자가 생활했던 낙선당이 있었어요. 하지만 낙선당은 화재로 모두 불탄 이후 다시 짓지 않고 빈터로 남게 돼요. 그 뒤로 빈터에 과일나무가 심어지며 마치 창덕궁 내 과수원 같은 공간이 됩니다. 동궐도가 헌종이 낙선재를 짓기 훨씬 전인 할아버지인 순조 때 그려진 그림이니 동궐도에서는 낙선재를 볼 수가 없어요.

낙선재가 있던 자리(동궐도)

"아니오. 사실 나의 마음은 이미 당신에게 있소. 내 당신을 위해 작은 공간을 하나 만들까 하오."

"전하, 몸둘 바를 모르겠사옵니다."

헌종은 사랑하는 경빈 김씨를 위해 창덕궁 남쪽의 남은 빈터에 낙선재, 석복헌 등의 건물을 지어 김씨와 함께 살아요. 낙선재는 뒤쪽으로 꽃이 있는 계단, 즉 화계를 두어 마치 중궁전처럼 꾸며놓았고요. 계단 위에는 정자 등 휴식 공간이 있어 마치 궁궐 안 작은 궁궐 같은 느낌이 들죠.

헌종의 보물창고 - 승화루

헌종은 그림 한 장 한 장을 보면서 감탄을 했습니다.

"오! 이것이 바로 김정희의 글씨란 말인가! 정말 아름답지 않느냐? 한 자 한

창덕궁 승화루

자에 묘한 힘이 느껴지는구나!"

"이건 누구의 작품이옵니까?"

"허련의 것이다. 이 작품들은 모두 승화루에 잘 보관하도록 하여라."

승화루는 낙선재 근처에 있는 누각입니다. 누각은 경회루처럼 1층은 돌기둥으로, 2층은 마룻바닥으로 되어 있는 형태의 건물을 말합니다.

헌종에게 승화루는 보물창고와 같

은 곳이었어요. 헌종은 미술이나 서예 등의 작품을 감상하는 것을 매우 좋아했

일본 경찰서가 된 승화루

일제강점기에 일본 사람들은 하나둘 창 덕궁 건물을 헐기 시작했어요. 어떤 건물 은 해체해 그 자재를 팔아버리기도 하고, 또 어떤 건물은 전혀 다른 용도로 사용하 기도 했어요. 그리고 승화루는 경찰서 건 물로 사용되었습니다.

일제강점기의 승화루

다고 합니다. 그러다 보니 한 점 두 점 모으게 되었고 수집한 작품들을 승화루에 보관했죠. 특히 헌종은 추사 김정희를 많이 좋아했던 것 같아요. 김정희가 유배(조선시대 죄인을 고향이 아닌 먼 섬이나 시골에서 살게 하는 벌의 일종)를 갔을 때 직접 명령을 내려 그를 풀어주기까지 했으니까요. 지금이야 승화루 안은 텅 비어 있지만 당시에는 역대급 작품들로 꽉 차 있지 않았을까요?

25

철종
농사짓다 왕이 된 임금

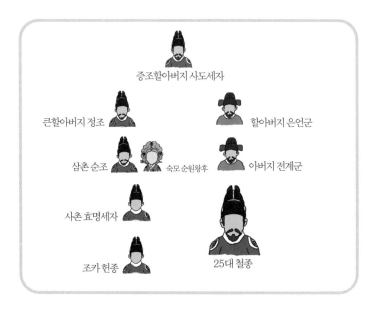

증조할아버지 사도세자

큰할아버지 정조   할아버지 은언군

삼촌 순조   숙모 순원왕후   아버지 전계군

사촌 효명세자   25대 철종

조카 헌종

철창 없는 감옥 – 창덕궁 대조전, 경훈각(징광루)

"뭐라, 주상이? 이를 어쩌면 좋단 말인가!"

헌종이 23살의 젊은 나이에 세상을 뜨자 할머니인 왕대비가 울먹이며 했던 말이에요. 헌종의 아버지인 효명세자도 22살에 돌아가시더니 이게 웬일일까요. 더 큰 문제는 헌종이 아들이 없었다는 거예요. 옥새를 줄 다음 왕이 없었던 거죠. 신하들이 동요를 합니다. 혹시 누군가가 군대를 동원해서 옥새를 빼앗는다면 큰일이니까요.

헌종이 돌아가신 뒤 모든 것이 불안한 상황이었어요. 보통 왕이 돌아가시면 왕실의 최고 어른이 옥새를 가지고 있습니다. 그녀가 옥새를 주는 사람이 다음 왕이 되는 것이니 신하들은 모두 헌종의 할머니인 순원왕후에게 달려갑니다.

"불행히도 후사 없이 주상 전하께서 돌아가셨습니다. 나라의 안정을 위해서라도 어서 결정을 하여 주시옵소서! 소신들은 마마의 명을 기다리고 있사옵니다."

"나도 안다. 임금이 없는 나라가 어찌 있을 수 있단 말이냐! 왕실 족보를 보니 사도세자의 아드님이신 은언군의 손자가 강화도에 살아 있다고 한다. 도승지(비서실장)는 그에 대해 말해 보라."

"예, 마마. 이름은 이원범이고 부친은 방금 말씀하신대로 사도세자의 후손이옵니다. 불행히도 역모에 휘말려 어린 나이에 강화도로 쫓겨나 지금까지 그곳에서 농사를 짓고 있다고 합니다."

"마마! 아무리 그래도 농사꾼에게 어떻게 옥새를…."

"나도 안다. 그러나 절박한 지금 사도세자의 핏줄을 찾은 것이 어디냐? 나는 강화도에 있는 이원범에게 옥새를 주어 조선의 왕통을 잇게 할 것이니 지금 당장 병조(국방부)는 강화도로 군대를 보내 그를 호위하라!"

이렇게 강화도 농사꾼, 일명 강화도령이라 불리는 이원범이 옥새를 물려받게 되니 그가 조선 제25대 임금 철종입니다.

어제까지 밭에서 농사를 짓던 농사꾼이 오늘 갑자기 임금이 된 것입니다. 임금은 어려서부터 철저한 교육을 통해 만들어지는데 어떠한 교육도 받지 못한 농사꾼이 왕이 되었으니 철종은 그야말로 허수아비 왕이 되어버립니다.

"제가 임금이라고요? 마마! 제가 어찌? 저는 아무것도 모르고…."

"주상, 걱정 마세요. 임금이란 자리는 평생을 배우는 자리입니다. 비록 주상이 지금은 아무것도 모르겠지만 똑똑하시니 금방 학습할 것이에요. 이 할머니만 믿고 노력하세요."

"예, 할마마마…."

당시 철종의 나이는 19살이었습니다. 나이는 이미 어른이었지만 아무것도 몰랐던 철종은 여전히 할머니가 대신 정치를 해주는 수렴청정을 받아야 했어요. 임금이 아무것도 모르니 안동 김씨, 풍양 조씨 집안 사람들이 다시 권력을 잡고 온갖 나쁜 짓을 골라 합니다. 백성들에게 엄청난 세금을 걷어 자신과 자신의 집안을 위해 쓴 거죠. 게다가 같은 집안 사람이라면 능력을 보지도 않고 관직을 주었어요. 그러니 실력보다 뇌물이 더 중요해졌고 그럴수록 백성들의 생활은 힘들어졌습니다.

철종 어진

이런 모습을 본 허수아비 왕 철종은 어떤 생각을 했을까요?

'이게 나라를 운영하는 관리의 모습인가!! 해도해도 너무하는군.'

철종은 답답한 생각에 신하들과의 회의 때 강력하게 이야기합니다.

"경들은 도대체 정신이 있소? 지금 가뭄으로 백성들이 굶어 죽어가고 있는데 관리들의 부정부패는 끊이질 않고 있으니!"

하지만 그럴 때마다 돌아오는 대답은 기대와 달랐습니다.

"전하! 전하께서는 아직 정치를 모르시옵니다. 소신들이 알아서 할 터이니 그저 공부를 좀 더 하시옵소서. 정치는 전하께서 생각하시는 것처럼 단순한 게 아니옵니다."

신하들에게 명령은커녕 잔소리만 들은 철종의 마음은 아팠어요. 그리고 침전인 대조전으로 돌아와 울분을 토하죠.

'도대체 저들은 백성들의 고된 삶을 알까? 나는 그걸 경험한 사람이야! 답답해 미치겠구나.'

철종은 임금으로서 많은 노력을 했어요. 그러나 신하들은 그를 인정하지 않았죠. 그들에게 철종은 그냥 허수아비였어요. 철종은 점점 좌절감에 빠집니다.

창덕궁의 대조전(왼쪽)과 연결된 2층 누각 징광루(오른쪽) (1917년)

그러다 보니 가난했지만 매일 산과 들로 나아가 농사를 짓던 생활이 그리워지기 시작합니다. 자유로운 농사꾼에게 궁궐은 감옥 같았죠. 무엇 하나 자신의 뜻대로 하지 못하고 심지어 궁궐 밖으로 나가는 일도 신하들의 허락을 받아야 했습니다.

"내 마음이 답답해서 잠시 궁궐 앞 장터에 다녀와야겠소."

"전하! 불가하옵니다. 임금의 행차는 많은 인원과 비용이 들어가는 일이옵니다. 또한 임금이 대낮에 시장을 가는 예는 없사옵니다."

심지어 창덕궁 뒷산인 후원을 가려 해도 눈치를 봐야 했어요. 그나마 신하들의 허락 없이 자유롭게 시간을 보낼 수 있는 곳은 침전인 대조전 뒤에 있는 경훈각이었어요. 경훈각과 대조전은 실내 복도로 연결되어 있어 주변의 눈치 없이 언제든 갈 수 있는 곳이었어요. 특히 경훈각은 2층 건물로 2층은 징광루라는 누각인데 풍경이 아주 멋졌다고 합니다. 그날도 징광루에 오른 철종은 강화도 방향을 보며 한숨을 쉽니다.

"강화도가 그립구나! 지금쯤 추수가 한창일 것인데…. 그나저나 옆집 개똥이는 잘 있는지 모르겠다…."

점점 강화도 생활을 그리워하던 철종은 그나마 현실을 잊을 수 있는 술을 마시기 시작했어요. 매일 밤 술을 마시고 아침에 늦잠을 잡니다. 어차피 자신이 없어도 신하들이 알아서 일을 했으니까요. 그럴수록 술에 빠지고 건강은 점점 더 나빠졌

옆집 개똥이는 잘 있겠지?

낮아진 경훈각

원래 경훈각은 2층 건물이에요. 하지만 지금의 창덕궁 경훈각은 1층입니다. 그 이유는 1917년 창덕궁에 큰불이 나서 대조전과 경훈각이 모두 사라져요. 당시에는 일본 사람들이 궁궐을 관리하고 있었는데 그들은 건물을 다시 지으려면 돈이 많이 들어간다며 경복궁 건물을 헐어 이곳으로 옮깁니다. 지금 경훈각은 경복궁의 만경전을 그대로 옮겨온 겁니다.

경복궁의 만경전이 옮겨진 지금의 경훈각

습니다. 결국 그는 왕이 된 지 15년 만에 창덕궁 대조전에서 돌아가십니다.

만약 철종이 왕이 되지 않고 계속 농사꾼으로 살았다면 더 행복하게 살지 않았을까요? 심지어 철종은 개인적으로도 불행했어요. 5명의 아들과 1명의 딸이 있었는데 아들 5명이 모두 일찍 죽어요. 궁궐에는 최고의 의원들이 있었을 텐데 모든 왕자들이 죽었다니 의심이 들 수밖에 없습니다.

3부

대한제국 시기

26

고종

조선왕조의 마지막 임금, 대한제국을 세우다

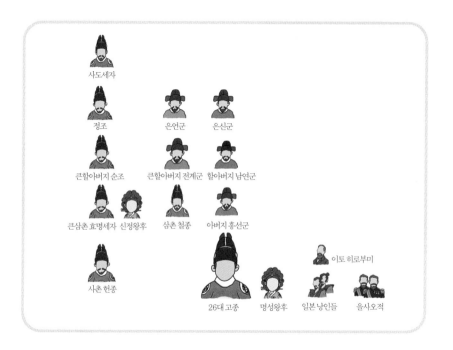

되살아난 조선의 법궁 - 경복궁

철종이 아들 없이 돌아가시고 나니 또다시 다음 왕위를 이을 사람이 없어졌어요. 이때 헌종의 어머니이자 일찍 죽은 효명세자의 부인인 신정왕후가 궁궐 내

고종의 아버지인 흥선대원군

가장 높은 어른이었어요.

"이를 어쩌면 좋단 말인가. 헌종대왕에 이어 주상까지 이리 허무하게 가시니 내 어찌할 바를 모르겠다."

"마마! 소신들은 마마의 분부를 기다릴 뿐이옵니다. 누구에게 옥새를 올려야 하겠습니까?"

"족보를 보니 흥선군은 돌아가신 주상의 사촌이니 그의 아들이 어떠한가?"

"흥선군이라 하시면?"

"경들도 알다시피 영조대왕의 아드님이신 사도세자에게는 여러 명의 아들들이 있었다. 대행대왕(철종)이 은언군의 손자라면 흥선군은 바로 은언군의 아우이신 은신군의 손자가 되니 나는 흥선군의 아들 이명복에게 옥새를 넘기려 한다. 그리고 혹시 모를 혼란을 막기 위해 흥선군의 아들을 내 양아들로 들일 예정이니 그리 알라."

철종의 옥새가 조카뻘인 이명복에게 넘어가니 그가 조선 제26대 임금 고종입니다. 당시 고종의 나이는 고작 11살이었습니다. 당연히 왕실의 어른인 대비가 대신 일을 해야 합니다. 그러나 대비는 아버지 흥선군을 부릅니다.

"내 직접 어린 주상을 대신해야 하나 요즘 몸도 좋지 않고 여러 모로 힘드오. 그러니 흥선군이 나를 대신해 주상을 돌봐주세요."

"마마! 소신이 어찌 감히…. 망극하옵니다."

이렇게 흥선군은 아들 고종을 대신해 사실상 임금의 역할을 하게 됩니다.

참고로 자신은 왕이 아니지만 아들이 왕이 되었다면 사람들은 그를 대원군이라 불렀어요. 우리에게 흥선군보다 흥선대원군이 더 익숙한 이유입니다. 흥선대원군은 꿈이 아주 많은 사람이었어요. 그는 조선왕조가 안동 김씨, 풍양 조씨처럼 일부 가문에 의해 좌지우지되는 것이 너무 싫었어요. 그리고 속으로 다짐을 합니다.

'이 나라가 김씨의 나라인가! 조씨의 나라인가! 저들은 왕실을 너무 무시하고 있어. 내 반드시 임금의 힘이 강한 나라를 만들고 말 것이야. 저들이 왕실을 존중하게 하려면 무엇보다 웅장한 궁궐이 필요해. 궁궐은 왕실의 상징이니 말이야…. 그런데 지금의 창덕궁은 결국 경복궁의 보조 궁궐 아닌가! 그러니 조선의 법궁인 경복궁을 다시 지어야겠어.'

고종은 왕이 되자마자 이런 명령을 내립니다.

다시 부활한 경복궁의 웅장한 모습

"경복궁은 조선 왕조가 건국할 때 세워진 법궁이며 조선왕조의 시작이 바로 경복궁부터였다. 그러나 불행하게도 임진왜란 때 다 불타버린 후 미처 다시 짓지 못해 오랫동안 많은 이들을 안타깝게 했다. 그러니 이제 나는 경복궁을 다시 지어 조선왕조가 다시 번성할 수 있는 업적을 이룰 것이다."

"성은이 망극하옵니다."

이렇게 해서 드디어 270여 년간 빈터였던 경복궁이 다시 부활합니다. 심지어 임진왜란 이전보다 훨씬 규모가 커졌다고 합니다. 이 모습을 본 고종과 흥선대원군은 얼마나 뿌듯했을까요? 당시에는 궁궐 공사에 돈이 너무 많이 들어 많은 비판이 있었지만 덕분에 지금 우리는 경복궁이라는 훌륭한 문화유산을 갖게 되었어요.

흥선대원군의 선물 – 경복궁 자경전, 흥복전

경복궁이 완성되고 다음 해인 1868년 드디어 고종은 경복궁에 입궐해요. 14대 선조 임금 이후 처음인 거예요. 당시 흥선대원군이 이곳 경복궁을 공사할 때 가장 심혈을 기울인 건물은 어디일까요? 바로 대비전입니다. 흥선대원군 입장에서는 당시 대왕대비 신정왕후(효명세자의 부인)가 아니었다면 어떻게 자기 아들이 왕이 되었겠어요. 그러니 이곳에 고마운 마음을 담았을 겁니다.

경복궁 대비전을 한번 볼까요? 경복궁의 대비전 명칭은 정조가 어머니를 위해 창경궁에 지었던 자경전에서 가져왔어요. 규모 역시 역대급이에요. 자경전을 중심으로 옆으로는 아미당, 북쪽으로는 흥복전이 있어요. 특히 자경전 뒤쪽의 십장생 굴뚝은 대비의 건강을 기원하는 마음으로 만들었다고 해요.

고종이 신정왕후를 위해 지어준 경복궁의 대비전, 자경전

"이렇게 큰 건물을 내가 써도 됩니까?"

"무슨 말씀이시옵니까? 대비마마가 아니었으면 오늘의 소자가 있었겠사옵니까. 부디 마음 편히 지내시옵소서."

"좋습니다. 아주 마음에 들어요. 내 죽기 전에 이런 호강을 다 해보는구려!"

신정왕후는 경복궁 흥복전에서 노후를 편안히 보내다가 돌아가십니다.

현재 대비전 영역은 많은 부분이 남아 있어요. 본 건물은 물론이고 뒤쪽의 십장생 굴뚝 그리고 얼마 전 복원된 흥복전까지요. 특히 십장생 굴뚝에 새겨진 다양한 무늬들을 꼭 보세요. 비록 친어머니는 아니지만 대비에 대한 고종의 효심이 그대로 드러나는 작품입니다.

자경전 뒤뜰에 있는 십장생 굴뚝

신정왕후가 돌아가신 경복궁 흥복전

세미나실이 된 경복궁 흥복전

경복궁 흥복전은 신정왕후가 돌아가신 뒤 고종이 잠깐 사용하다 방치됩니다. 일본은 이 흥복전을 헐고 이곳에 일본식 연못을 만들었어요. 광복 이후 연못은 사라졌고 그 자리는 그대로 잔디밭이 됩니다. 흥복전을 복원하기 위해 조심스럽게 잔디밭을 거둬내니 다행히 건물의 흔적이 그대로 남아 있었어요. 그리고 여기서 사람들을 깜짝 놀라게 할 유물들이 발견됩니다. 바로

흥복전 발굴 과정에서 나온 조선 전기 경복궁 기와들

임진왜란 이전 경복궁 건물의 기와들이었어요. 발견된 기와들의 색은 우리가 아는 회색뿐 아니라 빨강색, 파랑색, 녹색, 노란색까지 있었어요. 이 유물은 임진왜란 이전 경복궁의 모습이 얼마나 화려했는지 잘 보여주고 있습니다.

흥복전은 지난 2019년 모든 복원 공사를 끝내고 제 모습으로 돌아왔어요. 그런데 많은 사람들은 흥복전의 사용에 대해 의견을 냈어요.

"집이란 사람이 살아야 합니다. 아무리 새 집이라도 사람이 살지 않으면 곰팡이도 쉽게 생기고 냄새도 좋지 않고 금방 망가져요. 아무리 복원을 하면 뭐하나요? 건물을 사용하지 않으면 죽은 건물과 다름없어요! 그러니 현대식으로 사용하는 게 어떨까요? 이것 역시 역사의 한 부분이 될 수 있잖아요."

이 의견은 결국 채택되었고, 그래서 지금 흥복전은 세미나실 등으로 사용되고 있어요. 물론 현대식 화장실도 있습니다. 아마 앞으로 100년 후, 우리 후손들은 이곳 흥복전을 보고 이렇게 이야기할 거예요.

"이곳 흥복전은 200년 전 일제가 없앴던 것을 100년 전 우리 선조들이 다시 만들어 세미나실로 사용했다고 해요. 특히 100년 전 화장실의 모습은 매우 흥미롭죠?"

고종의 독립 – 경복궁 건청궁, 집옥재, 향원정

시간이 흘러 어린 고종도 이제 성인이 되었어요. 그런데 문제는 여전히 아버지 흥선대원군이 고종을 어린애 취급하고 있었다는 점이에요.

"아버지, 이제 저도 성인입니다. 언제까지 아버지의 그늘 안에 있을 수는 없지 않사옵니까? 이제 제가 직접 정치를 하겠습니다."

"주상! 이 애비는 그저 주상을 도와주려 한 것뿐이외다."

그러나 주변의 모든 신하들은 자신보다 아버지의 눈치를 보고 있었어요. 심지어 고종이 명령을 내리면 아버지의 허락을 받으라는 식의 답변만 듣습니다.

"그만들 하시오! 경들은 도대체 누구의 신하요? 나요? 아니면 아버지요?"

고종은 모든 것이 부담스러웠어요. 아버지도 신하들도 심지어 아버지에 의해 만들어진 경복궁도 마찬가지였어요. 어딜 가도 누군가가 자신을 감시하는 것 같았어요. 그러던 어느 날 고종은 결심한 듯 신하들에게 이야기합니다.

"내가 이번에 경복궁 북쪽에 작은 건물을 한 채 지으려 하오."

"전하! 이미 경복궁에는 충분한 건물들이 있사옵니다. 게다가 이렇게 어려운 시기에 세금을 쓰다니요."

"걱정 마시오! 이번 공사는 모두 세금이 아닌 내탕금(왕실 재산)을 쓸 예정이니!"

이렇게 해서 고종은 경복궁 북쪽에 몇 채의 집을 지은 후 이곳을 건청궁이라 명했어요. 그러니까 경복궁 안에 또 다른 작은 궁궐을 지은 거예요. 건청궁은 임금의 침전인 대전, 중궁전 등을 갖추었고요. 또 외국인 설계자를 불러 서양식 건물로 짓고자 했습니다.

고종은 건청궁이 마음에 들었는지 아예 창덕궁 건물들을 건청궁 서쪽으로

고종이 자신의 개인 돈으로 지은 건청궁

옮겨와 집옥재라는 이름으로 사용해요. 집옥재는 앞쪽으로 월대와 앞마당을 두어 정전처럼 이용했어요. 이곳에서 고종은 신하들은 물론 외국 공사(외교관)를 만나 국제 정세에 대해 논하기도 했고요. 또한 국내 서적은 물론이고 중국, 일본, 심지어 서양 서적까지 수집해 일종의 도서관처럼 활용했어요.

"오늘은 누가 방문할 예정인가?"

"오늘은 오스트리아 사신 로제트 비르게본이온데 오스트리아 황제의 편지를 전달하려 하옵니다."

"그래? 오스트리아는 어떤 나라인지 그 나라를 잘 아는 이를 불러서 내게 설명할 수 있도록 하라."

고종의 업무 공간이었던 경복궁 집옥재

"그리하겠사옵니다."

임금이 생활하고 일을 하는 공간이 있다면 당연히 휴식 공간도 있어야겠죠. 고종은 건청궁 남쪽에 작은 휴식 공간을 만들어요. 원래 있던 연못을 잘 정비하고 가운데 섬을 만들어 정자를 짓죠. 물론 섬까지 가려면 다리가 필요합니다. 다리는 건청궁 입구와 가깝게 지어서 고종과 왕비가 쉽게 출입할 수 있게 했어요.

고종은 생각보다 서양 문물에 관심이 많은 임금이었어요.

"전하! 이번에 미국과의 조약을 기념하기 위해 외교 사절단을 보내시는 게 어떠신지요?"

"좋은 생각이다. 이번 기회에 미국의 다양한 문물을 보고 오도록 하라."

당시 사절단은 미국의 에디슨 전기회사를 방문했고 이를 바로 고종에게 알립니다.

"전하! 전기와 전등을 도입해 보소서."

"그것은 어떤 것이냐?"

"전기라는 것은 눈에 보이지는 않지만 그 힘이 대단해 밤에 불을 밝힐 수도 있고 어마어마한 쇳덩어리를 끌기도 하옵니다."

"맞다. 우리 조선도 바뀌어야 한다. 지금 당장 에디슨 회사와 계약을 맺도록 하라. 그리고 전등 설치 장소는 건청궁과 향원정으로 할 것이다."

위인전 속 주인공인 발명왕 에디슨은 왠지 우리 역사와 전혀 관계가 없을 것처럼 보이지만 아니었어요.

전등이 설치된 건청궁과 향원정 일대

이렇게 고종이 에디슨 전기회사와 계약을 맺고 전등을 설치했으니까요. 예정대로 발전기는 향원정 연못가에 설치하고 여기서 나온 전기로 향원정과 건청궁 곳곳을 밝힙니다. 당시로서는 얼마나 신기한 일이었을까요?

이외에도 고종은 서양 문물을 받아들이는 데 많은 관심을 보였어요.

"전하! 서양인들은 겨울에 빙판에서 이 신발을 신고 춤을 춘다고 합니다. 이것을 피겨스케이트라고 부르는데 이번에 이를 아주 잘하는 자들이 온다고 하오니 직접 관람을 해보시는 것이 어떠하온지요?"

"그거 좋은 생각이다. 향원정 연못이 단단히 얼었으니 한번 초대해 보거라."

1892년 한 서양인 영어 교사 길모어(Gilmore George)가 쓴 책에는 이런 내용이 나옵니다.

"피겨스케이트 시범 공연에 초청되어 경복궁에 들어갔다. 궁궐 안에 둥근

향원정. 다리 건너 건청궁이 보인다.

모양의 연못이 있는데 중심부의 섬에 예쁘고 작은 정자가 있었다. 장막 뒤에 하인들과 더불어 국왕과 왕비는 이 정자에 있었다. 두 분 역시 의심할 바 없이 열정적으로 스케이트 공연을 관람했다…"

　건청궁과 향원정 일대는 고종과 왕비인 명성왕후가 매우 좋아했던 공간이에요. 역사 책을 보면 고종은 왠지 무능하고 나약한 왕으로 묘사되고 있지만 사실은 그렇지 않았어요. 그건 조금만 고종의 입장에서 생각해 보면 이해가 돼요. 한쪽에서는 수천 년 내려온 전통을 지키려는 사람들, 예를 들어 상투도 자르면 안 되고 서양인들은 모두 오랑캐이니 절대 친하면 안 된다며 반대를 했을

원래의 자리를 되찾은 향원정 취향교

향원정은 경복궁 내에서도 특히 아름다운 풍경을 자랑하며 많은 관람객의 사랑을 한 몸에 받고 있어요. 하지만 이곳에는 무려 70년이 넘게 가짜 다리가 놓여 있었죠. 원래 향원정의 다리인 취향교는 건청궁 쪽으로, 그러니까 정자의 북쪽으로 놓여 있었는데 한국전쟁 때 다리가 부서지면서 1953년 복원을 해요. 그런데 사람들이 향원정을 보려 남쪽에서 북쪽으로 올라

남쪽으로 잘못 복원되었던 향원정 다리

오는 겁니다. 그래서 남쪽으로 다리를 만든 거예요. 다행히 지난 2017년부터 복원 공사가 시작되었고 지금은 원래의 모습인 북쪽으로 놓이게 되었어요.

것이고, 한쪽에서는 서양인들과 친해야 한다며 고종을 압박했을 거예요. 그 사이에서 고종은 얼마나 힘들고 외로웠을까요?

경복궁 습격 사건의 시작 – 경복궁 건춘문

고종의 노력에도 불구하고 모든 것은 쉽지 않았어요. 일본은 호시탐탐 조선을 노리고 있었죠. 게다가 전국적으로 부정부패가 심해서 농민들을 중심으로 시위가 일어났어요. 그런데 안타깝게도 이때 고종은 청나라 군대에 지원을 요청해요. 그러자 일본은 이러다 청나라에 조선을 빼앗길지 모른다는 생각에 군대를 파병합니다. 당시 일본의 목적은 조선 땅에서 청나라와 전쟁을 일으키는 것

조선 제26대 임금 고종

이었어요. 하지만 명분이 없었죠. 그래서 일본은 지금 청나라 군대가 조선에 들어왔으니 청을 쫓아내라고 요구합니다. 당연히 조선은 거절했죠. 그러자 이를 핑계로 일본은 경복궁에 군대를 보냅니다.

"아니, 무슨 일이요?"

내관이 놀라며 묻습니다.

"시간이 없소. 응급을 요하는 일이니 어서 전하를 뵙게 해주시오. 급하오!"

수문장은 예의를 갖출 겨를도 없이 내전 안으로 뛰어들어갑니다.

"전하! 얼른 피하시옵소서. 지금 무장한 일본 군인들이 경복궁을 습격했사옵니다."

"그게 무슨 말인가? 그들이 왜?"

"전하! 어서 옥체를 보존하시옵소서!"

계속해 들리는 총격 소리에 궁녀들의 비명소리가 들리고 건춘문에서 시작된 일본군의 습격으로 그날 경복궁은 순식간에 점령당합니다. 일본은 예정대로 우리 땅에서 청일전쟁을 일으키죠. 이 경복궁 습격 사건은 조선을 무력으로 침략하려는 신호탄이었습니다. 건춘문을 보고 있으면 그날 밤 일본 군인들의 군화 소리가 들리는 듯합니다.

일본의 경복궁 습격 사건 장소인 경복궁 건춘문

근대사 최고의 비극, 을미사변 – 경복궁 건청궁

청일전쟁은 준비를 많이 한 일본의 승리로 끝이 납니다. 이제 일본은 별다른 방해 세력 없이 조선을 점령할 수 있게 되었죠. 이때 고종의 부인인 명성왕후가 나섭니다.

"전하! 지금 유일하게 조선을 도울 수 있는 나라는 바로 위 러시아입니다. 지금 세계는 러시아와 영국이 가장 강한데 영국이 일본과 같은 편이라고 합니다. 러시아 입장에서는 당연히 일본이 마음에 들지 않겠죠. 전하, 이번 기회에 러시아의 힘을 빌려 일본을 내쫓아야 합니다."

이렇게 해서 러시아가 조선으로 들어오자 이토 히로부미는 화가 납니다.

"도대체 누가 러시아를 끌어들인 것인가!"

"아무래도 왕비인 듯싶습니다."

"이러다 러시아에 조선을 갖다 바치는 꼴이 되겠어! 우리 일본의 힘을 한 번 더 보여줄 때가 된 듯하군. 지금 당장 그 여우 같은 왕비를 제거하라!"

건춘문 사건을 통해 경복궁을 침략한 바 있는 일본은 을미년인 1895년 10월 왕비가 살고 있던 경복궁 건청궁으로 자객들을 보냅니다. 순식간에 아수라장이 된 건청궁에는 비명과 신음이 가득했어요.

"당장 왕비를 찾아라! 여자는 모두 목을 베어랏!"

결국 명성왕후는 상궁복을 입고 도망치다 일본인들의 칼에 잔인한 죽음을 맞게 됩니다. 그러나 왕비의 얼굴을 알지 못했던 일본인들은 확인이 필요했습니다.

"이 여자가 왕비인지 상궁인지 확인하라!"

왕비를 시해한 그들은 건청궁 내 옥호루로 왕후의 시신을 끌고 와 신원을 확인합니다. 그러고는 건청궁 옆 녹산(경복궁 북동쪽의 나지막한 언덕)으로 시신을 옮겨와 불태우는 만행을 저지릅니다. 사건을 숨기기 위해서였지요.

그러나 세상에 완벽한 범죄는 없습니다. 그들이 궁궐에서 벌인 만행을 본 외국인이 있었던 거예요. 당시 건청궁 안에는 서양식 건물이 있었는데, 그곳에 있던 러시아 건축가 사바틴이 이 광경을 목격하고 러시아 황제에게 보고를 합니다.

'건청궁에 침입한 일본인들은 내 말은 듣

명성왕후의 시신을 불태운 장소인 경복궁 녹산(왼쪽으로 건청궁이 보인다)

지도 않고 왕비가 어디 있는지, 왕비가 누구인지만 물었습니다. 그러고는 왕비 마마가 복도로 달아나자 뒤쫓아 가 바닥에 쓰러뜨리고 가슴 위로 뛰어올라 짓밟고 칼로 찔렀습니다. 몇 분 후 시신을 건청궁 옆 소나무 숲으로 끌고 갔으며 잠시 후 그곳에서 연기가 피어오르는 것을 보았습니다. 전쟁도 아닌 평화 시대에 군대를 동원해 궁궐을 습격하고 왕비를 잔인하게 죽인 세상에 유래 없는 만행이 아닐 수가 없습니다.'

조선의 왕후 시해 사건을 그린 프랑스 신문

일본은 전쟁도 아닌 상황에서 군대를 동원해 왕비를 죽였어요. 이 사변이 1895년 을미년에 일어났다고 해서 '을미사변'이라고 합니다. 더 안타까운 것은 당시 왕비와 궁녀들을 죽였던 살인범들이 모두 무죄로 석방되었고, 지금까지 일본 정부는 이에 대한 사과를 하지 않고 있어요.

을미사변의 현장은 경복궁 건청궁입니다. 반성하지 않은 사람들은 잘못을 또 하기 마련이죠. 명성왕후를 죽인 일본인들은 반성하지 않았고, 이 사건 이후 그들의 후손은 전쟁을 일으켜 수많은 아시아인들을 죽게 했어요. 다시 한번 역사의 중요성을 되새기게 됩니다.

명성왕후 시해 사건의 현장인 경복궁 건청궁

을미사변을 일으킨 일본인들

황제의 궁궐 - 경운궁의 부활

왕후까지 잔인하게 죽인 일본은 이제 대놓고 고종을 협박했어요. 고종은 신하들에게 말합니다.

"어찌 이 지경이 되었는가! 정작 일본을 쫓아낼 방법은 없단 말인가!"

"전하! 일본이 경복궁을 포위하고 있는 한 아무것도 할 수 없사옵니다. 차라리 러시아공사관(대사관)으로 피하심이 어떠신지요?"

"임금이 궁궐을 버리면 어디로 간단 말인가! 나는 차마 그럴 수가 없다!"

"전하! 지금은 치욕스러울 수 있으나 이 방법만이 나라를 구하는 길이옵니다."

"소신이 이미 러시아공사관에 이야기를 해두었사옵니다."

"경복궁을 빠져나가는 것이 어디 쉬운 일인가? 지금도 일본군들이 저리 지키고 있는데…."

"걱정 마소서! 후궁 마마의 가마를 이용하면 되옵니다."

고종은 결국 후궁의 가마를 타고 경복궁의 서쪽 문인 영추문을 빠져나와 무사히 러시아대사관에 도착합니다. 이를 러시아대사관 파천(임금이 피난을 떠나는 행위), 즉 '아관파천'이라고 해요.

나라가 얼마나 힘이 없었으면 왕이 자신의 궁궐을 몰래 빠져나가 외국 대사관으로 피난을 갔을까요. 고종에게 러시아대사관에서의 하루하루는 가시방석

경운궁 옆에 위치했던 러시아공사관

이었을 거예요. 이후 신하들은 고종에게 말합니다.

아관파천 당시 러시아공사관 앞에 서 있는 고종과 세자

"전하! 이제 경복궁으로 돌아가시옵소서. 너무 오랜 시간 궐을 비우고 있사옵니다."

하지만 고종은 경복궁으로 돌아갈 생각이 없었어요. 자신의 부인이 처참하게 죽은 곳이니 쉽지 않았겠죠.

"전하! 그럼 경운궁은 어떠신지요? 경운궁은 임진왜란 당시 선조대왕께서 잠시 머물렀던 궁궐로 수백 년간 사용되지 않던 곳이지만 만약 다시 건물을 짓고 담을 세운다면 궁궐로서의 기능도 가능할 것이라 판단되옵니다. 게다가 경운궁 주변으로는 미국, 영국, 러시아공사관 등이 있어 경복궁보다는 더 안전할 듯하옵니다."

"그리하라."

"성은이 망극하옵니다."

고종은 러시아공사관을 나와 바로 옆 경운궁으로 자리를 옮깁니다. 그러나 상황은 나아지지 않았어요. 러시아는 자신들이 조선의 왕을 보호했다는 이유로 온갖 것을 요구했어요. 일본은 여전히 호시탐탐 조선을 노리고 있었고요. 이때 고종은 한 가지 방법을 찾아요. 자신의 지위를 왕이 아닌 황제로 바꾸고, 나라 이름 역시 바꾸는 거였죠. 황제의 나라인 제국으로요. 황제란 여러 왕을 관리하는 왕 중의 왕을 뜻해요.

"이제 조선은 왕조로서 그 역할을 다했다. 나는 새로운 나라를 만들려 한다. 우리는 전통적으로 삼한(마한, 변한, 진한)의 후손들이니 대한이란 이름이 어떠하겠는가?"

"성은이 망극하옵니다! 황제 폐하!"

1897년 대한제국이 세워지면서 1392년 태조 이성계가 세운 조선왕조는 505년 만에 역사 속으로 사라집니다. 이제 고종의 경운궁을 황제가 사는 궁궐, 즉 황궁으로 만들기 위해 노력합니다.

"지금부터 경운궁은 황궁이니 그에 합당한 규모로 확장하고 특히 주요 건물은 서양 궁전의 모습으로 짓도록 하라."

고종은 서양 건축에 관심이 많았어요. 고종이 살았던 건청궁에도 이미 서양식 건

경운궁 석조전 내부 황제의 침실

황제의 궁궐이 된 경운궁(왼쪽 석조전, 오른쪽 준명당)

물이 세워진 상태였죠. 그는 수시로 전문가들을 만나 상의했습니다.

"설계 도면은 나왔는가?"

"예, 전하! 이번 건물은 3층으로 되어 있어 황제께서 일을 하실 수 있는 편전과 생활하시는 침전 모두 한 건물 안에 있으며 특히 서양인들이 잠을 잘 때 사용하는 침대와 서양식 측간(화장실)도 설치할 예정이옵니다."

부활한 경운궁(훗날 덕수궁) 돈덕전

석조전과 더불어 당시 최고의 기술을 이용해 만든 서양식 건물이 돈덕전이에요. 사진 속에는 고종이 돈덕전 창가에 앉아 있는 모습이에요. 그러나 불행히도 돈덕전은 일제에 의해 사라지고 이곳은 유원지로 바뀝니다. 그 뒤로 방치되어 있던 돈덕전 터에 드디어 발굴 조사와 복원 공사가 시작되었고, 2023년 돈덕전은 100여 년 만에 제 모습으로 돌아옵니다. 우리 궁궐은 이렇게 슬픈 역사를 극복하고 하나둘 우리 곁으로 돌아오고 있어요.

대한제국 시기의 돈덕전

돈덕전의 고종 황제

복원된 돈덕전

경운궁 석조전은 지금도 그 모습이 그대로 남아 있어요. 실내는 당시의 모습을 그대로 복원해 놓은 상태이기에 석조전을 둘러보면 마치 유럽의 궁전에 온 느낌마저 든답니다.

을사늑약의 현장 – 경운궁 중명전

아관파천, 대한제국 건립 등 고종 황제는 나름 많은 노력을 했지만 분위기는 쉽게 바뀌지 않았어요. 청일전쟁에서 승리한 일본은 영국의 도움을 받아 강대국 러시아와의 전쟁에서 승리를 하죠. 청나라도 러시아도 이제 더 이상 대한제국의 편이 되어줄 수 없었어요. 일본은 바로 대한제국의 주권을 빼앗고 싶었습니다. 주권이란 나라를 통치하는 모든 권리로 외교권, 군사권, 사법권, 행정권 등을 말해요. 그런데 이 다양한 권리를 모두 한꺼번에 빼앗아버리면 미국 같은 강대국들이 엄청나게 일본을 비난할 거예요. 그래서 이토 히로부미는 이렇게 생각합니다.

'모든 것을 한꺼번에 빼앗으면 너무 티가 나니까, 우선 외교권을 빼앗자! 외교권을 빼앗으면 대한제국은 어느 나라에도 외교관을 보낼 수가 없지. 그럼 쉽게 동맹도 맺을 수 없고, 대한제국에 대한 관심도 줄어들 것이다.'

1905년 이토 히로부미는 경운궁 중명전으로 갑니다. 그곳에는 각 부 장관들이 와 있었어요. 이토 히로부미는 한 명 한 명을 지명하며 외교권에 대한 찬반 여부를 묻기 시작해요.

"민영기 대감?"

"나는 이 협약을 부인하오."

을사늑약의 순간(경운궁 중명전)

을사늑약 체결 후 기념 촬영 장면(가운데 이토히로부미)

"그대 말은 절대 반대를 말하는가?"

"그렇소. 절대 반대요."

"박제순 대감은 어떠한가?"

"나 역시 동의하기 쉽지 않지만 상황이 이러하니 어쩔 수 없지 않소?"

"그럼 찬성으로 보겠네."

이렇게 이토 히로부미는 대한제국의 외교권에 대해 물어봅니다.

"이완용 대감은 어떠신지?"

"당연히 찬성이오."

이때 군부 대신 이근택과 이지용도 기다렸다는 듯이 말합니다.

"우리 역시 이대감과 같소!"

가장 중요한 주권인 외교권은 이렇게 친일파들에 의해 일본에 넘어가버립니다. 하지만 고종 황제는 끝까지 이 조약을 반대했어요. 제국에서 황제가 반대한 조약을 신하들이 처리했다는 것 자체가 불법인 거지요. 그래서 이 사건을 1905년 을사년에 억지로 한 약속(억지로 늑勒, 약속 약約)이라 해서 '을사늑약'이라고 합니다. 이날 찬성 표를 던진 5명의 친일파들(박제순, 이지용, 이근택, 이

을사늑약이 체결된 장소인 경운궁 중명전

완용, 권중현)을 을사년에 나라를 팔아먹은 도적들이라 해서 '을사오적'이라 불렀죠.

　을사늑약의 현장이었던 곳이 바로 중명전이에요. 이날 을사오적이 외교권을 일본에 넘김으로써 대한제국은 국제 사회에서 어떠한 힘도 발휘할 수 없는 나라가 되어버렸습니다. 나라의 힘을 기르지 못하고 빠르게 움직이는 국제 관계에 적절히 대처하지 못한 결과는 나라의 외교권이 다른 나라에 넘어가는 것이었습니다.

27

순종

숨을 거두는 순간까지 대한독립을 외치다

물려주는 이도, 받는 이도 없었던 양위식 – 경운궁 중화전

을사늑약 후 외교권이 사라진 대한제국은 국제 사회에서 고립되고 말았습니다. 어느 나라도 외교관을 받아주지 않으니 급할 때 도움을 청할 수가 없었죠. 하지만 그러던 중 희소식이 들렸어요. 네덜란드 헤이그라는 도시에서 전 세계 외교관들이 모여 '세계평화회의'를 한다는 소식이었습니다. 이 소식을 들은 고종은 명합니다.

"그래? 정말인가! 그럼 우리도 그 회의에 외교관을 보내야 하지 않겠나!"

고종은 비밀리에 이준을 부릅니다.

"지금 네덜란드 헤이그에서 국제회의가 열린다고 하니 경은 회의에 참여해 일제의 만행을 전 세계에 알리기 바라오."

이준은 두 명의 친구 이상설, 이위종과 함께 고종의 특명을 받고 헤이그에 도착해요.

"우린 대한제국 황제의 명을 받고 온 사람들이오."

하지만 그들은 회의장에 들어갈 수 없었습니다. 일본이 대한제국의 외교권을 빼앗았기 때문에 자격이 없었던 거예요.

"이대로 포기할 수는 없지 않소. 보아하니 회의장 밖에는 외국 기자들이 많이 와 있는 것 같소. 그들에게 일제의 만행을 알립시다."

물론 이들의 활동 소식은 그대로 이토 히로부미의 귀에 들어갔고 그는 곧바

경운궁의 정전인 중화전과 중화문

중화전 내부

로 이완용을 부릅니다.

"황제가 헤이그에 밀사를 파견했다는 게 사실이오? 이것이 명백한 조약 위반이란 사실은 잘 알고 있을 것이오! 더 이상 일이 커지지 않게 경이 알아서 정리하시오."

고종을 만난 친일파들은 흥분한 목소리로 이야기합니다.

"폐하! 헤이그에 외교관을 보내셨사옵니까? 지금 세상이 어떻게 돌아가는지 진정 모른단 말입니까. 폐하! 이제 그 자리에서 내려오실 때가 된 것 같사옵니다. 옥새를 황태자께 드리세요. 그리고 은퇴하세요. 그 길만이 대한제국이 살길입니다."

"네 이놈들! 팔 게 없어서 나라를 팔아먹느냐! 그러고도 네놈들이 제명에 살 것 같은가!"

하지만 친일파들은 눈 하나 깜짝하지 않았어요.

"전하! 지금 궐 밖에는 일본 군대가 도착해 있사옵니다. 전하께서 지금 결정을 하지 않으시면 저들의 총구가 대한제국의 백성들을 향할 수도 있습니다."

고종 황제는 분통이 터졌어요. 하지만 어떠한 것도 할 수가 없었죠. 만약 그렇지 않으면 분명 그 피해는 백성들에게 갈 것이기 때문이에요. 결국 고종은 아들인 황태자에게 어쩔 수 없이 옥새를 넘긴다는 명령을 내리게 됩니다. 그가 조선의 제27대 왕이며 대한제국 제2대 황제인 순종입니다.

양위식(옥새를 넘기는 의식)이 열리는 경운궁 중화전에는 옥새를 넘기는 고종도 옥새를 받아야 할 순종도 나타나지 않았어요. 그저 내시 두 명이 황제와 황태자 역할을 맡아 형식적으로 의식을 거행했을 뿐이었죠.

경복궁 근정전이 조선왕조를 상징하는 정전이라면 경운궁 중화전은 근대국가 대한제국의 상징적인 정전이에요. 하지만 지금의 중화전은 너무 초라해요. 주변의 행각은 다 뜯겨나갔고 주인 떠난 내부의 모습은 썰렁하기만 합니다.

경운궁이 덕수궁으로

헤이그 밀사 사건이 발각된 이후 고종은 일본에 의해 강제로 은퇴당하는 수모를 겪습니다. 그 뒤로도 일본은 순종을 창덕궁으로 보내고 고종은 계속 경운궁에 두어 거의 24시간 감시합니다. 혹시 헤이그 밀사 파견처럼 고종 황제가 다른 행동을 하지 못하게 하기 위해서예요. 친일파들은 신이 났죠. 모든 것이 자신들의 뜻대로 되고 있고 그 덕분에 일본으로부터 엄청난 보상을 받았거든요.

"이번 일로 이토상이 매우 만족해하고 있소. 그나저나 경운궁에 있는 태황제(은퇴한 황제)의 호를 하나 지어야 하지 않겠소?"

"그렇지요. 그 옛날 신하들은 정종대왕에게 옥새를 물려준 태조대왕에게 호를 올렸지요. 그때도 '덕수'라는 존호를 올렸으니 이번에도 그렇게 합시다."

"그나저나 태황제께서 사고나 치지 않았으면 좋겠소. 긴장합시다. 저 노인네가 독립을 위해 또 어떤 짓을 할지 모르니 말이오."

이후 고종 태황제는 '덕수 전하'라 불리기 시작했고, 덕수 전하가 사는 경운궁은 자연스럽게 덕수궁이 되었어요. 그러니까 지금 우리가 아는 덕수궁은 일제강점기부터 불렀던 이름이에요. 원래의 이름은 경운궁이지요.

덕수궁? 경운궁?

현재 덕수궁은 공식적인 명칭으로 사용되고 있지만, 이에 대해 일부에서는 덕수궁을 경운궁이라 불러야 한다고 주장하는 의견도 있어요. 그 이유는 을사늑약이 명백한 불법 조약이기 때문이에요. 만약 일제의 불법 행위가 없었다면 고종의 강제 은퇴도 없었을 것이고 또 강제 퇴위가 없었다면 고종을 덕수 전하라 부를 일도,

경운궁 현판

경운궁을 덕수궁이라 부를 까닭도 없으니까요. 만약 우리가 계속 덕수궁이란 명칭을 사용한다면 이는 우리 스스로 일제의 불법성을 인정한다는 의미예요. 반면에 계속 덕수궁으로 불러야 한다는 사람들은 '덕수'는 태조처럼 은퇴한 왕에게 붙이는 존칭으로 전통적으로 사용되어온 말이니 덕수궁 역시 큰 무리가 없다고 주장해요.

마지막 어전 회의 - 창덕궁 흥복헌

이토 히로부미와 친일파들은 예정대로 일을 진행시키고 있었어요.

"헤이그 밀사 사건으로 좀 지연되긴 했지만 그 덕분에 태황제(고종)의 입을 완전히 막을 수 있었소. 감시는 계속 되고 있소?"

"그러하옵니다."

"좋소. 이제 외교권 이외에 나머지 권리도 하나씩 챙겨나갑시다."

사실 권리는 주고받고 하는 물건이 아니에요. 그런데 어떻게 우리의 주권을 빼앗았을까요? 일본은 법을 만드는 국회의원, 행정을 하는 공무원, 법을 판단하는 판사, 영토를 지키는 군인 등 국가를 운영하는 공무원들 중 높은 지위를 모두 친일파로 바꾸고 반드시 일본의 허가를 받게끔 했어요. 모든 중요한 결정이 일본인들에 의해 결정된다는 것은 사실상 나라의 모든 권리가 일본에 넘어간 것이나 다름없지요. 그 중심에 이토 히로부미가 있었어요.

이토 히로부미는 이제 이 사실을 청나라와 러시아에 알려야 했죠. 일본이 대한제국을 식민지화했다는 사실을 확약받으러 떠나는 길에 하얼빈 역이 있었고 바로 그곳에서 안중근은 그를 쏩니다. 이토 히로부미의 사망 소식에 친일파와 일본은 당황합니다.

"뭐라? 이토상이? 안 되겠군. 모든 계획을 앞당겨야겠어. 그렇지 않으면 앞으로도 계속해서 이런 일이 생기겠어."

일본은 1910년 3월 안중근을 사형시킵니다. 그리고 같은 해 창덕궁 흥복헌에서 순종 황제와 마지막 회의를 진행합니다. 모든 권리를 일본에 넘긴다는 최종 서명을 하는 자리였어요. 물론 순종 황제는 끝까지 거부합니다.

"네놈들이 사람이냐! 어찌 나를 배신하고 나라를 배신할 수 있단 말이더냐!"

"황제 폐하! 모든 것은 끝났사옵니다. 그냥 아무 생각하지 마시고 아무 행동도 하지 마시고 흐르는 배에 타시옵소서. 그럼 평온할 것이옵니다."

"네 이놈들!"

"뭣들 하느냐. 황제 폐하를 뫼시어라. 그리고 옥새를 가지고 오너라"

하지만 옥새가 보이지 않았습니다.

"대감! 옥새가 없어졌사옵니다."

"뭐라?"

수상한 느낌을 감지한 순종 황제의 부인인 순정효황후는 치마 속에 옥새를 숨겼어요. 그게 누구라도 감히 황후의 치마를 건드릴 수는 없으니까요.

"황후 마마! 진정하시고 어서 옥새를 주세요."

대한제국의 국권이 상실된 현장인 창덕궁 흥복헌

"네 이놈들! 차라리 나를 죽여라! 나는 그리 못 한다!"

하지만 결국 옥새는 그들의 손에 넘어가고 맙니다. 그리고 사실상 대한제국은 전 세계 지도에서 사라지고 말죠.

대한제국의 마지막 어전 회의가 열렸던 곳이 창덕궁 흥복헌입니다. 이곳에서 우리의 주권은 모두 일본에 넘어갑니다. 지난 100여 년, 아니 지난 오천 년 역사 중 이런 치욕적 사건은 없었을 겁니다. 이 사건을 역사에서는 1910년 경술년에 일어난 국가의 치욕이라 하여 '경술국치'라고 부릅니다.

고종 황제의 마지막 밤 – 덕수궁 함녕전

강제로 남의 것을 빼앗는 행위를 '병탄'이라고 해요. 한일병탄 이후 일본은 철저히 우리 삶을 짓밟았어요. 전국에 토지를 조사해 쌀을 강탈했고, 조금만 반항하면 감옥으로 보내 모진 고문을 했어요. 물론 우리도 가만히 있지 않았어요. 일부는 국외로 나가 일본의 만행을 세계에 알리기도 했어요. 또 일부는 의병이 되어 독립항쟁을 벌였습니다. 특히 이회영은 고종 황제와 소통하며 황제와 함께 국외로 나가 일제의 부당함을 알리려는 계획을 잡기도 해요. 바로 그즈음이던 1919년 1월 21일 고종 황제가 위독해집니다.

"태황제 폐하! 폐하, 정신 차리시옵소서! 소인을 알아보시겠습니까?"

그러나 이미 고종은 의식이 없었어요. 갑자기 고종 황제는 덕수궁 함녕전에서 돌아가십니다.

당시까지 건강하셨던 고종의 죽음은 많은 소문을 만들었어요. 특히 황제가 독살당했다는 소문이 전국적으로 퍼지게 됩니다. 그리고 이것은 일본 때문에 고생하던 국민들 마음에 불을 질렀어요. 이로 인해 삼일 만세운동이 전국적으로 일어났고, 임시정부를 바탕으로 항일 운동이 본격적으로 시작되었습니다.

고종은 분명 나라의 근대화와 독립을 위해 많은 노력을 한 임금이었어요. 그러나 한 가지 안타까운 점이 있다면 황제의 권리를 포기하지 않았다는 거예요. 만약 그가 스스로 황제의 권리를 국민들에게 내어주고 황제의 나라인 '제국帝國'에서 국민의 나라인 '민국民國'으로 바꾸어

함녕전 앞 고종 황제

함녕전의 정문, 광명문

덕수궁 함녕전은 고종 황제의 침전이었어요. 그러나 고종이 떠난 후 함녕전의 담과 문은 헐렸고 결국 정문인 광명문 역시 다른 곳으로 옮겨져 언제부터인가 야외 전시장으로 사용되었습니다. 불과 얼마 전까지만 해도 광명문 안에는 신기전, 자격루 등이 전시되어 있었어요. 물론 지금은 원래의 자리로 옮겨 왔으나 여전히 담은 없고 문만 덩그러니 있습니다.

야외 전시장으로 사용된 광명문

제자리를 찾은 광명문

갔다면 우리가 경험했던 그런 비참한 역사의 길은 비껴갔을지 몰라요. 그날 밤 과연 이곳 함녕전에서는 무슨 일이 벌어졌던 걸까요?

3.1 독립운동의 현장 – 덕수궁 대한문

고종의 죽음 이후 3.1 독립운동이 전국적으로 퍼져갔어요. 남녀노소 가리지 않고 태극기를 들고 만세를 외쳤습니다. 특히 덕수궁의 정문 대한문은 그 중심지였습니다. 당시 대한문 앞이 어떠한 분위기였는지는 3.1 운동을 목격한 일본

고종 황제가 갑자기 승하한 덕수궁 함녕전

관리인의 책에 자세히 나와 있어요. 과연 그는 덕수궁 대한문 앞에서 어떤 광경을 보았을까요?

"당시 대한문 앞 그 넓은 광장에는 흰 옷을 입은 사람들로 꽉 차 있었고 카키색 군복의 헌병들이 이를 감시하고 있었다. 사람들은 대한독립, 민족자결, 세계평화 같은 글귀가 새겨진 깃발을 흔들었다. 치마를 입은

3.1 운동 당시 덕수궁 대한문 앞

여학생도 많았고 혈기 왕성한 남학생들은 길거리 또는 옥상에서 큰 소리로 연설을 하고 관중들은 환호의 박수를 보냈다. 그러나 수천 명의 사람들이었음에

덕수궁의 정문 대한문

도 침착하게 질서를 지켰고 작은 폭력조차 일어나지 않았다. 내가 봤을 때 당시 조선인들은 남녀노소 누구나 독립에 대한 꿈을 꾸고 있는 것 같았다."

덕수궁의 정문 대한문 앞에서 100년 전 선조들은 독립의 꿈을 안고 목청 터지게 "대한독립"을 외쳤어요. 그 함성은 훗날 "독재타도"를 외치는 민주화 항쟁으로 이어졌죠.

광복하라, 광복하라 – 창덕궁 대조전

3.1 독립운동 이후 많은 변화가 일어납니다. 국민들의 외침에 자극을 받은 사

밀려난 덕수궁 대한문

원래 덕수궁은 매우 넓은 궁궐이었어요. 하지만 일제강점기에 고종 황제가 돌아가신 뒤 덕수궁 건물들은 하나둘 사라졌고 덕수궁 앞 도로가 넓어지면서 담장 역시 헐려 도로가 됩니다. 그러다 보니 가만히 있던 대한문은 도로 가운데 섬이 되어버렸어요. 결국 차량 통행에 방해가 된다는 이유로 대한문을 줄어든 담장에 맞춰 뒤로 옮겼지요. 그러니까 지금의 대한문은 원래의 위치보다 무려 33미터나 안쪽으로 밀려난 셈이에요.

섬처럼 고립된 덕수궁 대한문

회 지도층은 중국 상해로 건너가 임시정부를 만들어 본격적인 독립 활동을 시

작했어요. 이 시간 창덕궁 대조전에서는

순종이 위독하다는 소식이 들려옵니다.

순종 황제

"전하! 정신이 드시옵니까?"

"태상왕 전하(고종 황제)를 만나는 꿈

을 꾸었다. 경술년(1910년) 8월이 생각나

는구나. 내 어찌 아바마마와 열성조(역대

임금들)를 뵐 수 있단 말이냐."

순종의 눈에는 이내 눈물이 흐르고 있

었습니다.

"전하! 전하!"

순종은 숨을 헐떡이며 무언가를 말하

고 있었습니다.

"지난날의 병합 인준은 일본국이 제멋

대로 만들어 선포한 것이다…. 나는 이천

만 백성의 죄인이 되었다. 이 한 몸 꺼지

지 않는 한 이를 어찌 잊을 수 있겠는가.

노력하여 광복하라……."

1926년 4월 25일, 창덕궁 대조전에서

조선왕조의 마지막 왕인 순종은 이렇게

생의 마지막을 눈물로 마감했습니다. 그리고 27대 왕통王統의 역사도 끝이 납

니다. 1392년 태조 이성계가 왕이 된 이후 534년 만입니다.

1926년 순종 황제가 승하한 창덕궁 대조전

500년 역사의 마침표 - 창덕궁 낙선재

1926년 순종 황제가 돌아가시면서 대한제국 역시 역사의 한 페이지가 되었습니다. 그러나 여기서 궁궐의 역사는 끝나지 않아요. 바로 부인인 황후를 비롯해 황실 가족은 여전히 힘든 삶을 살고 있었거든요.

순종 황제에게는 자식이 없어요. 그래서 아버지 고종은 후계자로 순종의 동생인 영친왕을 선택해요. 이 사실을 일본이 모를 리 없었죠. 이토 히로부미는 영친왕을 유학이라는 핑계로 일본으로 데려가 일본식 교육을 받게 하고 일본인과 결혼시킵니다. 이 뿐만이 아니라 고종의 딸인 덕혜옹주도 이런 식으로 일

마지막 황후(순정효황후)의 모습   1966년 순정효황후가 승하한 창덕궁 석복헌

본으로 유학을 보내고 일본인과 강제 결혼을 시킵니다. 옹주란 왕과 후궁 사이에서 태어난 딸을 말해요.

이후 광복이 되었지만 당시 대통령인 이승만은 망가진 황실을 살리기보다 오히려 서울에 남은 5대 궁궐을 모두 국가의 것으로 만들고 황실 후손들을 방치합니다. 그래도 다행인 것은 남은 황실 가족들이 창덕궁 낙선재에서 살 수 있었던 것입니다.

낙선재 영역은 창덕궁의 동남쪽에 위치하며 낙선재를 중심으로 석복헌, 수강재 등의 건물이 있고 뒤에는 아름다운 화계가 조성되어 있죠. 어떤 이들이 이곳에서 삶의 마지막을 보냈는지 살펴볼까요?

우선 황실의 어른이며 순종의 부인인 순정효황후입니다,

1907년 13살의 나이에 세자빈으로 궁에 들어온 그녀는 한일병탄, 항일운동, 광복 그리고 한국전쟁까지 한국의 근현대사를 직접 경험했어요. 특히 한국전쟁 당시 북한 인민군이 창덕궁에 들어왔을 때는 호통을 치며 그들을 쫓아냈다고 합니다.

　"아무리 대한제국이 망하고 황실이 해체되었지만 여전히 내 가족들이 이 세상을 살고 있지 않느냐. 나는 가족들을 그냥 둘 수가 없구나. 지금 일본에 있는 영친왕 부부와 덕혜옹주에게 연락해 이곳에서 함께 살자 일러라."

　그녀의 노력 덕분에 흩어져 있던 황실 사람들은 창덕궁 낙선재에서 함께 살수 있었어요.

　"동서, 이게 얼마만인가! 미안하네! 내가 더 챙겼어야 했는데…. 그나저나 우리 덕혜옹주는 불쌍해서 어쩌나…."

　덕혜옹주는 오빠인 영친왕처럼 강제로 일본 유학을 떠났고 일본인과 강제로 결혼을 했어요. 하지만 일본에서 그녀의 삶은 완전히 망가졌어요. 고국에서 들리는 아버지 고종 황제의 죽음은 그녀에게 정신적 충격을 주었고, 그때부터 말이 줄고 결국 정신질환까지 앓게 됩니다. 하지만 어느 누구도 그녀를 돌봐주지 않았어요. 남편에게마저 버림받은 덕혜옹주는 황후의 노력 덕분에 1962년 이곳 창덕궁 낙선재로 돌아올 수 있었어요. 그러나 이미 사람을 알아볼 수도 없을 정도로 상태는 좋지 않았어요. 그녀의 이런 모습에 황후는 계속 눈물만 흘렸습니다.

　"누가 우리 옹주를 이렇게 만들었단 말인가!"

　이에 영친왕의 부인인 이방자 여사는 이렇게 말했다고 합니다.

　"황후마마, 죄송해요. 이 모든 것이 다 일본 사람들 때문이에요. 저도 일본인이니 제가 대신 용서를 빌게요."

　"아니에요. 어찌 탓을 하십니까! 이렇게 왕비께

영친왕비인 이방자 여사

이방자 여사가 생활했던 창덕궁 낙선재

서 낙선재로 돌아와준 것만으로도 저는 너무 행복합니다. 비록 그 옛날 화려한 궁궐은 아니지만 우리 이곳 낙선재에서 잘 삽시다."

황후는 황실 어른으로서 자상하게 가족들을 챙겼고 황후로서의 품위도 잃지 않고 살았다고 해요. 1966년 2월 돌아가시기 얼마 전 그녀는 이런 유언을 남겼습니다.

"내가 죽거든 장례는 검소하게 치르고 큰 소리 내어 울지 말고 혹 내게 돌아오는 재물이 있으면 나 때문에 고생한 상궁들에게 주길 바라네…."

그녀의 죽음에 가장 슬퍼했던 이는 이방자 여사였어요. 일본인인 자신을 누구보다도 아꼈던 분이 황후였으니까요. 이방자 여사는 한국의 황태자와 결혼했다는 이유로 일본인들에게도 환영받지 못했고 일본인이라는 이유로 한국인들에게도 환영받지 못했어요. 마음고생이 심했던 그녀는 속죄의 마음이었는지 낙선재에서 살면서 당시 장애인 복지에 많은 노력을 합니다. 누군가는 그녀에게 이렇게 물어봤다고 하죠.

"당신의 조국은 어디입니까?"

그러자 이방자 여사는 대답합니다.

"내 조국은 대한민국입니다."

이 한마디가 그녀의 모든 것을 말해 주지 않나 생각해요. 이방자 여사는 정신질환으로 고생하고 있는 시누이 덕혜옹주를 잘 간호했다고 합니다.

소설과 영화의 주인공으로도 유명한 덕혜옹주는 고종 황제의 막내딸이었어요. 어려서 왕실은 물론이고 백성들의 사랑을 한몸에 받았던 귀여운 옹주마마였는데 사람조차 구분하기 힘들 정도가 되었으니 많은 사람들의 마음을 아프게 했죠. 그런 어느 날 덕혜옹주는 힘들게 펜을 들어 이런 글을 남겨요.

"보고 싶어요. 전하. 왕비 전하, 우리나라 대한민국…."

그리고 며칠 후 그녀는 사랑하는 부모님 곁으로 떠나갔어요. 그때가 1989

고종 황제의 막내 딸인 덕혜옹주

1989년 덕혜옹주가 삶을 마감한 창덕궁 수강재

년이니 그리 오래 된 일은 아닙니다.

　순정효황후, 이방자 여사 그리고 덕혜옹주가 눈을 감은 곳이 창덕궁의 낙선재, 석복헌, 수강재입니다. 그들은 이미 떠났지만 아직까지 그 온기는 남아 있는 것 같아요. 이곳 창덕궁 낙선재 영역은 황실 사람들이 남긴 마지막 궁궐의 흔적입니다.

쏭내관의 재미있는 궁궐기행 2 개정판

초판 1쇄   2010년 12월 15일
개정판 1쇄   2024년 11월 10일

지은이   송용진
펴낸이   윤을식
펴낸곳   도서출판 지식프레임
출판등록   2008년 1월 4일 제 2023-000024호
전화   (02)521-3172
팩스   (02)6007-1835
이메일   editor@jisikframe.com
홈페이지   http://www.jisikframe.com

ISBN   979-11-982213-7-7 (03910)